JN262498

神の木

日・韓・台の巨木・老樹信仰

李春子 著

推薦のことば

　　　　　　　　　　　　　　　　京都大学名誉教授・NPO法人社叢学会副理事長
　　　　　　　　　　　　　　　　薗　田　　稔

　ことしは、国際連合が定めた「国際森林年」に当たる。この年に東アジア3ヶ国にわたる現地調査を踏まえた樹木信仰の比較研究が世に出ることは意義深い。
　著者の李春子さんは、韓国出身の少壮学徒である。釜山に生まれ育ち、台湾大学を卒業してから京都大学の大学院で人間環境学を専攻、博士の学位を取得して現在は関西の諸大学で講師を務めながら、内外の樹林文化を精力的に追っている。本書は、そのほんの一端をまとめた、文字どおり彼女の処女出版である。
　かつて私が京大大学院に在職のあいだ、日本文化論を担当して国際色豊かな院生たち20数人を指導したけれども、彼女ほど一途でバイタリティに富んだ女性は少なかったと思う。なかでも自然環境と宗教文化との親和性を指摘してきた私の研究姿勢からすると、その視座を具体的な研究に活かし、こうして成果を挙げてくれたことは我がことのように嬉しいことである。
　ちなみに、「日本は森の国」とも言えるほど、古来わが国土は全島が豊かな森林に恵まれ、現代でも先進国随一と森林面積の比率が高いにもかかわらず、今では伝統的な森林文化への学的関心が低いのは残念である。たとえば、全国の至るところに点在する無数の神社で、なぜ神々が深い森に鎮まり巨樹老木に宿りたまうのかは、ほとんど学問的に問われることがなかった。日本の古典神話には、神々のなかに自らの手で全土に森を育てたという他に例のない物語を伝えているのに、その深い意味を後代に活かすことがなかったことは、あるいは山水や大気のありがたさのように、余りにも豊かな森に恵まれ過ぎて当たり前の現実を問うことがなかったのかとも考えられる。
　だが、今はそのことが問われねばならない時代である。
　かつて先人たちが森林文化として樹木信仰として、あるいは山川草木を命の霊性として疎かにしなかったことに学びつつ、今さらに環境倫理の糧にしなければならない。本書が、そのことを問いかける一助となれば幸いである。

序文

　東アジアには広く共通して、自然環境とカミ、そして人間社会を一つのつながりとしてとらえた「カミの杜[1]（モリ）」の文化が存在している。杜は、それぞれの地域の土着信仰や風水などとさまざまな関わりを持ちながら育まれた「いのち」に満ちた文化的自然であり、人々の日常生活とも深く関わるものである。

　いいかえるなら、人間社会を取り巻く生態環境を固有の宗教感覚—畏敬と謙虚—によって理解し、空間的に表したものが「カミの杜」であり、五感に広がるそれぞれの地域の風景であるともいえよう[2]。

　従来、東アジア全体を視野に入れた杜の諸象の研究はあまり行われてこなかった。また、それぞれの地域の神や信仰を伝統的な民俗として記録した研究はあるものの、次の世代へ受け継がれるよう持続的に保全する方法を考察した試みも少なかった。

　本書では、上記の点を補うべく二つの視点からの考察を行う。一つ目は東アジアにはどのような神の木々が崇められているかを植生別にデータ化して網羅する。また、それぞれの地域でどのような信仰の営みがあり、地域社会とどのような関わりがあるかを提示する。調査地の樹木の植生、祭礼、語り継がれた伝承との関わりなどをまとめた一覧表に基づいて杜の信仰の共通性と多様性を明らかにする。

　次に杜の持続保全[3]に焦点を合わせて議論する。現在、東アジアの杜は、都市化や開発などの人為的改変と台風や害虫などの自然災害によって危機的状況に陥り、杜を未来の世代に残すためにどうやって保全するかが緊急の課題となっている。そこで、高度成長期以来、杜の空間が変容していく過程における、地域社会

---

[1]　神の木の呼称は、それぞれの地域で異なる。本書では、各地域を議論する際はそれぞれの地域の呼称、全体を議論する際は「杜」という呼称で議論する。

[2]　神の杜や山の風景について薗田稔は「ある文化の固有の意味は、住民の見慣れた風景に隠されていることが多い」（『祭りの現象学』、p.338）という。これを支持して本書では、それぞれ地域の人々が日々の生の営みの中自然に働きかけながら、カミを見出す固有の宗教感覚を建造物ではない木々や森といった自然を空間的に表したものを鎮守の杜の風景としてとらえたい。

[3]　「持続」は、ドイツ語でいうNachhaltigkeit 生命、生態系システムの「動的」保全の意味で、「生けるものを、より生かす！もっと生かす!!」（アルバート・シュバイツァーの言葉を、ハンス＝ペーター・デュールが『持続性学』（p.34）で引用した）。本書における「持続保全」は、時間・空間の中で変容しながら保全していく際、生きとし生ける生命は一つのつながりで営まれ、その象徴の「神の木・神の杜」をより長く生き生きと「生かす」意味合いである。

の取り組みと行政の措置を比較しながら、どうすれば老木・神の木を次世代に継承することができるのかを考える。

　東アジアにおける自然と人間社会の共存を神の木・杜の信仰の諸象、持続保全への取り組みを通して、文化的自然―神の木と人間社会が共生している姿を探りたい。

　調査地域は、都市と都市周辺地域の農村などの地域で、都市化が進む中、それぞれでみられた杜と地域社会の断絶と融和の事例を比較する。日本は滋賀県(20ヶ所)と沖縄県(30ヶ所：本島と八重山諸島)、韓国(35ヶ所)はソウル市と慶州市、台湾(36ヶ所)は台中市、新竹県、花蓮県、南投県、嘉義市、嘉義県である。

　神の木、杜の選定にあたっては、以下を基準とした。まず、老樹で、信仰の対象となり、集落の歴史と関わる地域の象徴的存在であること。次に、現在でも地域社会と密接な関わりが続いていることである。

謝辞

本書の刊行にあたり、ご協力をいただいた下記の関係者および団体の方々に心よりお礼を申し上げます。(敬称略、順不同)

滋賀県

大谷一弘　北村正隆　山岡庄蔵　丸山正博　野瀬修　橋本敏治
財団法人滋賀県緑化推進会

沖縄

平良徹也　生沢均　木村甫　小山和行　前津栄信　亀井保信
NPO 花と緑の石垣島

韓国

金元泰　生沢均　尹石　姜基縞

台湾

呉慶杰　施欣慧　荘世滋　李西勲　傅春旭　施欣慧　薛凱琳

その他、調査地で質問にお答えいただき、本書への写真掲載を快諾してくださった方々。

凡例

- 漢字表記については、常用漢字を用いた。ただし、一部の地名と引用資料は旧字体とした。
- 主要な人名・地名については、各節ごとの初出に原語読みのルビをつけた。
- 解説が必要と思われる語には、＊をつけ、脚注の段に簡略や説明をそえた。
- 本文および表中の囲み数字（例：**1**）は、各地調査地一覧の番号に対応している。
- 本文中の丸数字（例：❶）は、写真番号に対応している。

目次

推薦のことば／序文／謝辞／凡例

I 滋賀の野神信仰

滋賀の野神　10
 1　野神と生態環境をめぐる民俗誌………………………………………12
 2　野神祭………………………………………………………………………20
 3　鎮守の杜―野神の持続保全……………………………………………30
 4　まとめ………………………………………………………………………38

調査地一覧　40
 滋賀県……………………………………………………………………………41

II 沖縄の御嶽

沖縄本島のウタキ　52
 1　ウタキと「腰当杜」………………………………………………………53
 2　ウタキの植生と文化………………………………………………………55
 3　アシビ―女性を中心とする祭……………………………………………63

八重山諸島の御嶽　67
 1　石垣島と竹富島のウタキの由来…………………………………………69
 2　ウタキの植物と地域誌……………………………………………………72
 3　石垣島の豊年祭……………………………………………………………76
 4　生態状況と保全の課題……………………………………………………81
 5　まとめ………………………………………………………………………83

調査地一覧　85
 沖縄本島…………………………………………………………………………86
 八重山諸島………………………………………………………………………93

Ⅲ　韓国の鎮山と堂山信仰

韓国の鎮山と堂山　102
　1　朝鮮王朝時代の鎮山 …………………………………… 104
　2　地方の鎮守の杜 ………………………………………… 112
　3　現地調査にみる堂山信仰 ……………………………… 115
　4　堂山の持続保全 ………………………………………… 122
　5　まとめ …………………………………………………… 129

調査地一覧　130
　ソウル市 …………………………………………………… 132
　慶州市 ……………………………………………………… 140

Ⅳ　台湾の大樹公信仰

台湾の大樹公　148
　1　大樹公の生態象徴と信仰 ……………………………… 150
　2　大樹公信仰と地域社会 ………………………………… 161
　3　大樹公信仰と空間の変容 ……………………………… 165
　4　大樹公の生育問題と保護処置 ………………………… 170
　5　まとめ …………………………………………………… 174

調査地一覧　175
　台中市 ……………………………………………………… 178
　新竹県 ……………………………………………………… 185
　嘉義県／嘉義市 …………………………………………… 187
　南投県 ……………………………………………………… 188
　花蓮県 ……………………………………………………… 192

まとめ ………………………………………………………… 195
巻末資料 ……………………………………………………… 204
あとがき

Ⅰ
滋賀の
野神信仰

滋賀の野神

　滋賀県には、野神（ノガミ）[1]信仰があり、水田や村の入口、村はずれなどにある巨木なこんもりした森を中心に営まれる信仰形態である。野神信仰にはこれまで、野神祭を詳細に記録した研究がある[2]。野神について、野本寛一は、「居住と農の安全・遂行を確保するためには、犠牲になった生きものの霊や、抑圧された地霊を祀り鎮めなければならないのである。野神祭りの本質はここにあるのではなかろうか」と考察している。

　樹木信仰は、農耕社会に生きる人々が営んできたもっとも古く、長い信仰といえよう。本章では、野神の起源や本質の部分だけではなく、厳しい自然環境の中で人々によって、野神信仰がどのように営まれてきたかを具体的に探りたい。つまり、野神という自然信仰を固定化した論ではなく、過去・現在・未来の時間と空間の中で、自然環境との関わりや人間社会の出来事との関わりを含めて考察を行いたい。

　そして、生業やライフスタイルが変わっていく今、地域社会では野神祭をどう変容させたのか、さらにそれをいかに、伝承させようとしているのかをみていきたい。

　「鎮守の杜」について上田正昭は「里山に多くあり、人工林もある。自然と人間が調和し、自然の中にカミを見出し、カミとヒトが共生する。人間の寄り合いの場で、神を祭祀する神と人間の接点」[3]というが、杜はカミ、人間社会が自然とともに生きてきた、いわば「共生」の営みの象徴ともいえる。

　かつて野神信仰は水と深い関わりを持ちながら営まれたが、近年では信仰だけではなく、水田や集落をめぐる水の流れが町づくりや景観として再構築されている。一方、過疎化や生業の変化によって、土地の風土の象徴で

---

[1] 野神には石もあるが、多くは樹木である。その形態は、単木、林、こんもりした森などさまざまであるが、本稿ではこれらを対象とする。

[2] 『滋賀県の自然神信仰』2007年（滋賀県教育委員会）、『高月町史　景観・文化財編』2006年、渡辺大記「野神に見る、人間と自然との共生の形態―滋賀県伊香郡高月町内の野神祭の現在」（滋賀県立大学人間文化学部『人間文化』20号、2007年）、『地霊の復権―自然と結ぶ民俗をさぐる』2010年（野本寛一）などがある。

[3] 上田正昭『東アジアのなかの鎮守の杜』、2009年、pp.150-152。

ある杜自体がなくなり、祭やその信仰も衰退していくといわれるところもある。

　本章では、野神信仰と水をめぐる地域社会の営みについて新しい町づくりを中心に考察したい。また、植物としての生態保全と文化との両面で今後の野神の持続保全の手掛かりを探りたい。

　調査地は、伊香郡高月町と東浅井郡湖北町（ともに現、長浜市）、犬上郡甲良町、近江八幡市、東近江市の合計20ヶ所である。

1 野神と生態環境をめぐる民俗誌

野神の位置と生態象徴

　地元の人々にノガミについて聞くと口をそろえて「農（ノウ）の神」という。農業と深い関わりのある農のカミと認識しながら、野原に位置して集落や野原の作物を見守ると見なされて、「野大神」と刻んだ石碑を立てている。渡岸寺集落では、「野神さん（御神木）は土地（農地）を守る神を宿す所として、村の出入り口など、要となる場所に生い茂る大木に、注連縄を張り野の神を祀る伝統行事です」と看板に記している。

　まず、野神の位置と水との関わりから、野神の生態象徴をみよう。高月町は、高時川と余呉川と用水路の流れに沿って村々が並び水田が広がっており、その近くに野神が位置する（❶）。野神の位置は、平地と山すそとに大きく分けられる。平地の野神は水田や村の入口に最も多い（13ヶ所）。また、水神社が5ヶ所あり[4]、柳野中の野神は大表神社（水分神）の境内に鎮座し、持寺・尾山の野神は水神の井大明神と同じ場所に鎮座することからも野神と水の守りとの関わりがうかがえる。

　高月町の野神の位置の中で最も上流地に位置する持寺・尾山の野神は、尾山の東山麓で高時川の分水の農業用水「上水井」の横にある（❶、❷）。そして、水の流れに沿って集落と野神とが位置している（持寺・尾山⇒雨森・保延寺⇒柏原⇒渡岸寺⇒森本・高月）ことがわかる。渡岸寺の野神は、用水路の分岐点に位置して、水との関わりをうかがわせる位置である。

　野神と村との位置関係について、地元では「村から野神が見える」、「野神から村が見える」という。野神は風

> **高月町**　琵琶湖の北東岸に位置する。高時川と余呉川の下流域にあり、農業が主産業。128基もの古墳が連なる古保利古墳群がある。伊香郡に属していたが、平成22年（2010）1月、長浜市に編入された。

4 水をつかさどる神は、井宮神社（高月町落川）、山神宮（高月町西野、日枝神社境内）、井ノ社（高月町井口、日枝神社境内）大表神社（高月町柳野中）、井大明神（高月町尾山）である。

❶長浜市高月町の野神

A 上空から見た長浜市高月町東部。高時川が北から南へと下る。（写真提供：長浜市高月支所）
B 高時川から分かれた水路にそって野神が位置する。（『高月町史景観・文化財編』付図「高月町域水系図」をもとに白地図上に作図）

❷ 持寺・尾山の野神

A 高時川の用水路「上水井」の横に位置して、持寺と尾山二つの集落が祀る。
B～C 持寺の行列が先に野神に向かい、尾山集落の行列が焚き火をしながら待って、その後を追う。
D 野神祭が終わると、両集落がしめサバを肴に酒をくみ交わす。

景としてもとらえられ、人間側から杜を見るだけではなく、村と野神は相互に見える関係にあることを示す言葉だろう。つまり、野神と人間の居住空間は少し離れたところに位置し、なおかつお互いに見える距離で関わりあっているのだ。このように野神の位置は、人間の住まいと少し離れているが、完全に隔離された聖域ではない。山すそに位置する野神（**1**尾山・持寺、**10**松尾・重則、**11**黒田）は、水田や村を見下ろすようなところである。水田の中に位置する野神（**8**西物部、**12**田中、**13**〜**16**甲良町の野神）や村の入口や端に位置（**4**雨森・保延寺、**5**高野、**6**唐川）しているところもある。

　すなわち生産の場である水田や集落の入口など、人間社会と近いところに野神が位置し、その「聖なる力」によって村や水田に秩序をもたらすことを意味している。つまり、「野原」から水田や畑の水やそこに営まれる農業を見守るカミとして崇めたかもしれない。いいかえるなら、人間社会と野神との、いわば共存による「空間感覚」を風景として表して、「見えない秩序」が「見える風景」へ現出しているのである。

「餅ノ井落し」

　高月町の高時川は豊富な水量で恵みをもたらす一方、河底が浅いがゆえに日照りの際は渇水し、雨季には氾濫することが繰り返された。八幡神社の入口に位置する柏原野神は高時川の洪水と深い関わりがある。大正時代まで高時川が氾濫した際、神木の枝を切って堤防を守ったと伝えられている。その時に切られた枝の後にできたとされるこぶが今も多く確認できる。そして、旱魃で高時川が極端に渇水し稲が枯死寸前となったような場合、高時川の最も上流の「餅ノ井」と呼ばれる井堰を切って下流に水を流す「井落とし」が行われた。これについては、「農民にとっての水はまさに血の一滴に値し、大井の上六

組を中心勢力とする右岸井組が上流の餅ノ井堰に赴いて堰の一部を切り落して下流に流すもので、厳粛に決行される取水儀式は『餅ノ井落し』と呼ばれ、400余年に亘って実施された慣習的行事が度々行われた」[5]というように、水との戦いは地域社会を揺るがす重大事であった。

早魃の際、厳しい儀式を通して行われた「餅ノ井落し」に関しては古文書記録が多い。天文11年（1541）浅井久政大井（上六組懸り）によると、

> 高月川（高時川）預り井口越前守許容之上、餅之井懸越候間、以来心得候而、飢水ニ成迷惑之時ハ水まかし可被致候。恐々謹言。／天文十一年五月十五日　浅井　大井懸り所々百姓中　久政（花押）[6]

とあるように、餅ノ井に対する決まりとして、「餅の井、松田井の幅は大井の取入口の幅と同じにする。大井に必要な水は、早魃であっても流しておく」という取り決めがなされた。そして、用水で起きた紛争を厳しく鎮圧した記録に、次のような文言がある。

> けんくわなど仕候者、双方可有御成敗旨、被仰出候。[7]

すなわち、早魃の時に絵図どおりの決まりを無視して水争いの喧嘩をすれば、双方を処刑するという厳しい御達しである。渇水の時「餅ノ井落とし」は高時川の水をめぐっての自然との戦い、そして地域間の戦いでもあった。昭和15年（1940）に合同井堰が完成するまで行われ、水争いは絶えずあったと言われる（❸）。かつて「餅ノ井落し」をする際、死を意味する白装束を着たことが、野神祭でも同じく白装束を着る慣わしになったという。

5 農林水産省近畿農政局・新湖北農業水利事業所『湖北の祈りと農』、2009年。

6 栗原基『馬上村と高時川水利慣行』2、2002年、p.7。

7 「今度いかごあざい水門答、双方可承の由御詑候間、絵図并双方申旨申上候処ニ、年来無之所ニ而候も水引かせ可申由被仰出候。其心得候而、以来共如前々日損無之様ニ水うけ可申候。内々申分ニ而公儀かるしめけんくわなど仕候者、双方可有御成敗旨、被仰出候。及迷惑候者何時も目安ヲ以可申上候。以上。」慶長九年辰閏八月十四日　板　伊賀守（勝重）（花押）、伊香郡（浅井）百姓中　大　石見守（長安）（花押）。（・いかご＝伊香郡、・詑＝仰付、・日損―日照りのための損、早魃、・けんくわ＝喧嘩、成敗＝処刑、・目安＝訴訟）慶長９年（1604年）（栗原基『馬上村と高時川水利慣行』2、2002年、p.40）。

❸ 旱魃の「餅ノ井落とし」

D 大正11年（1922）9月の「井落とし」記念写真。大橋久兵衛の碑を背景にして、中央に紋付羽織姿の区長、その横に陣笠姿の役員、他は六尺棒を持った村人（雨森区発行『ふるさと雨森』2000年、p.347）

A〜C 昭和15年（1940）の「餅ノ井落とし」（近畿農政局湖北農業水利事業所発行『湖北農業水利事業誌』1987年、p.30）
高月町高時川では渇水の際、上部の集落の決まりで井堰を落として下流に水を流すことを1940年まで続けた。違反しないように集落ごとの服装も決まっていた。
A：役員の挨拶。左側が右岸代表、右側が餅ノ井代表
B：開始前の対峙の一瞬
C：井落としの開始

E 昭和15年（1940）に完成した合同井堰（『湖北農業水利事業誌』、p.31）
昭和12年に高時川沿岸普通水利組合が設立され、その後、コンクリート製の合同井堰が完成した。丸太と粗朶と土俵を組んだ旧井堰は撤去され、井落としの慣行も消滅した。

水を守る神になった人々

尾山集落の「井明神社」と井口集落の「井ノ神社」

 高時川の上流の井明神橋近く、持寺と尾山集落の野神の杉が2本立ち、そのすぐ上に「井明神社」が鎮座する。一説には、「井明神社」は高時川の取水（井堰）の際、人柱として犠牲になった女性を、井堰の守り神として祀り、人々が餅を供えた場所が「餅の井」だという。一方、井口集落の井ノ神社にも類似の伝えがあり、毎年5月に井祭りが行われる[8]。

「大橋久兵衛」と井祭り

 江戸時代初期、元和元年（1615）頃に生まれたとされる大橋久兵衛は、雨森村の庄屋として人望を集めていた。ところが、承応2年（1653）に発生した干魃で、雨森と高時川上流の集落の間で小競り合いが起こる。農民が武器を手に集合したこの騒動は、農民一揆を警戒していた代官所の知るところとなり、庄屋であった久兵衛（当時39歳）は百姓同士の水利権争いであるという申し開きもできないまま、同年7月22日に河原で9歳の息子とともに打ち首となった。
 その後、事実を知った京都所司代の京極某が大橋父子の霊を弔うために、近在の古橋・法華寺に堂塔を建立した（明治40年頃まで現存していたと伝わる）。
 天川命神社で5月22日、大橋久兵衛を偲ぶ井祭を行うが、この日は必ず雨が降ると言われる（❹）。

「前田俊蔵」と野神

 高月の野神には前田俊蔵を祀る祠がある。明治16年（1883年）8月の大旱魃の際に、高時川支流の一番下流に位置する森本集落に住んでいた前田俊蔵（当時28歳）が雨乞いの願かけをして、次のような絶筆を残し、高月の野神で自決したという。

[8] 農林水産省近畿農政局・新湖北農業水利事業所『湖北の祈りと農』、2009年。

❹ 水を守る神々になった人々

A 井水引きをめぐる伝承のある「井明神社」は、「尾山・持寺」の野神のすぐ上に位置する。
B 旱魃の際、水の争いで、命を落とした大橋久兵衛を偲んだ石碑（大正6年建立）。雨森集落の天命川神社の前にあり、5月22日には井祭が行われる。

❺ 前田俊蔵を偲ぶ

C 野神塚に捧げられた夜叉ヶ池の水
D 中央が、明治十七年（一八八四）に建立された「前田俊蔵氏之碑」。篆額（題字）は、当時の滋賀県令・籠手田安定による。
E 8月22日の「俊蔵祭」では、旧高月小学校運動場で「納涼盆おどり大会」が催され、盆踊りが大好きだった前田俊蔵を偲ぶ。

人界受生死縁無逃　我死テ泪をながす事あらず　我兄弟物共ニ親宣敷頼む　此たび死す八十六年雨乞ニ夜叉ニ　一命たごと也　満願ニハ我命を上るの誓文也。[9]

前田俊蔵が野神の前で自決したのは、水争いは集落の秩序を脅かすため、その命をもって共同体を救おうとする、強い意志によるものであった。現在も、8月23日前後の日曜日には「俊蔵祭」といい、盆踊りをして前田俊蔵を偲ぶ（❺参照）。

このように、取水をめぐって分裂する共同体を自ら犠牲になることで防ごうとした3人は、水を守る神々になった。彼らを神としてまつり、人々が水を守る神として崇めることによって、地域間の融和をすすめた。そして、精神的紐帯の要としている。共同体、「公」の意味が薄れている現在、これらの祭が示唆するところは多い。

[9] 高月町発行『広報　たかつき』、1997年度9月号。

野神祭 2

地域別野神祭

滋賀県長浜市域の野神に関する古い記録としては、昭和2年（1927）発行の『東浅井郡誌　巻一』（黒田惟信著、東浅井郡教育会）があり、次のように記している。

　　後世の野神祭は如何なる神事を行ひけん、今日之を知るに由なし。されど三田村［現在の長浜市三田町］の野神々社に伝はりし者は、大要左の如くなりしとて、同社の由緒調書に見ゆ。曰く
　　毎年八月十八日ハ、野神祭ニシテ、専ラ耕作ヲナスコトヲ忌み、當日ヲ以テ稲作ノ満足ナル謝礼トシ、信徒ハ悉ク神供ヲ携ヘテ参詣セリ。

長浜市　琵琶湖の北東岸、姉川などによって形成された沖積平野に位置する。琵琶湖の水運と北国街道を結ぶ要衝で、1575年に羽柴秀吉が長浜城を築き、城下町として発展した。平成22年（2010）1月、旧伊香郡と旧東浅井郡の町を編入。

耕作という行為を慎み、恵みをもたらした土地の神に感謝する思いが、「野＝農の神」という言葉に現れたのかもしれない。

野神祭は1年に一度、ほとんどがお盆（8月15日）を過ぎてから行われる。この時期に、多くの集落で祭が一斉に行われることに注目すべきである。現在は新暦によるが、明治までは当然旧暦で行われていた。これには稲が実る時期である旧暦8月中旬に、台湾で行われる大樹公（たいじゅこう）の祭や韓国の祭との類似点が指摘できる。季節の循環に即して収穫を迎える時期にカミを迎え祭を行うことは、人間社会が宇宙（自然）の秩序の輪に入り、冬を迎える準備のための儀礼といえよう。では、各集落別に祭をみよう。

持寺・尾山の野神

この地域の野神祭は、8月16日である。野神祭はかつて、決死を意味した白装束の姿で行われたが、この習俗は前節でみたように「餅（もち）の井（ゆ）落とし」と関わるといわれる。当日、神木の前に流れる水路「上水井（こうずいゆ）」を渡ることからワタリ当人（当番）という。下流地域の持寺（女神）の御幣は女竹（めだけ）の御幣で、上流地域の尾山（おやま）（男神）は、孟宗竹（もうそうちく）の御幣を用いる。

持寺の人々は白山（はくさん）神社で参拝して松明（たいまつ）を燃やし、先頭のワタリ当人が御幣を持ち、その後に御神酒（おみき）やしめサバを持った当番、そして村人が列をなして水田を歩きながら神木の野神を目指す。

いっぽう、尾山集落は御幣をもった当番や村人の列が松明（たいまつ）を燃やしながら田の中で待っていて、持寺の行列が通るとその後を尾山地域の列が追う。野神に着くと、持寺の御幣を持ったワタリ当人が神木を回り、御幣を神木に飾る。その後、尾山の御幣を持った当番が同じく神木を回り、御幣をその前に立てる。

滋賀の野神信仰

　二つの村の行列が野神に御幣を飾ると、両集落の直会が始まり、お互いに酒を交わして、しめサバを食べるふりをして終わる（❷参照）。

雨森・保延寺の野神

　この地域の野神祭は、雨森集落の行列が天川命神社から出発して鉦をたたきながら、「サンショとミソとダイコンの葉のおあい」と歌い、野神を目指す。これは、「虫送り」の意味合いが込められているといえよう[10]。

　他方、保延寺集落の行列がその後からくる。野神に到着すると雨森（女神）が先に参り、保延寺（男神）が後に参る。蠟燭の代わりにも思われる灯火を立て、お供えは卵、イカ、酒、米、子魚、野菜などである。神事の全般は保延寺の神主が、祝詞を奏上しつとめる。

　祭が終わると、両集落の人々はお酒を交わす。二つの集落が同じ水路を使い、協力して生きることが野神祭にも表れているといえよう（❻）。

高野の野神

　この地域の野神祭は、東西南北に分かれた集落の4組（60軒）が順番につとめる。

　祭の早朝、高野神社を出発して太鼓、鉦などをたたきながら農道を巡行（「ゴマワリ（郷廻り）」という）した後、野神に到着、御幣をつけた竹を立てる。その後に、神木の前で松明に点火する。

柏原の野神

　柏原の集落の野神は、八幡神社の入口で高時川にも近い位置にある。正月にケヤキに注連縄を張り、祭の8月16日は新しい御幣を立てて、酒、イカ、果物などを供えて五穀豊穣を祈る。朝、地域住民たちが礼服姿で集まり、八幡神社の宮司が祝詞を読み上げ、そのあと神社の広場で直会を行う。

渡岸寺の野神

　渡岸寺の集落の野神は、用水路の分水点に位置する。

虫送り　農作物の害虫を村外に送り出す民俗行事。松明を手にした村人が列をなして、鉦や太鼓をたたいて、田の畔を歩き回り、村のはずれまで送っていく。

10　地元ではこの歌の内容の食べ物もあるというが、滋賀県甲賀市甲南町稗谷で虫送りする際に太鼓と鉦を鳴らし、「山椒と味噌と鏡の蓋、チャチャンチキチキ」（井上頼寿『近江祭禮風土記　農耕儀禮』1973年、p.111）という歌があるように、虫送りの歌といえよう。

❻ 雨森・保延寺の野神祭

A 雨森・保延寺の野神祭は、雨森集落の行列が先に参る。雨森では、野神は女性（女神）とされており、祭には日除けの傘をさすという。
BC 野神の祭をつとめると、両集落の人々は酒を交わし直会となる。

❼ 渡岸寺の野神

A 渡岸寺の野神は、高時川から引水する用水路の分水点に位置する。
B 渡岸寺の野神の前に設置された看板「土地（農地）を守る神の宿す所として、村の出入口など、要となる場所に生い茂る大木に、注連縄を張り野の神を祀る伝統行事です」と記されている。

湖北の々村には、「野神さん」と呼ばれる神事があります。土地（農地）を守る神の宿す所として、村の出入口など、要となる場所に生い茂る大木に、注連縄を張り野の神を祀る伝統行事です。
この神（渡岸寺）の野神祭は、毎年八月十六日、〜〜囃子も賑やかに盛大に執り行わ〜

大字　渡岸寺区

C 「渡岸寺郷づくり計画」で自治会中心に町づくりが広がり、2000年から納涼祭と野神祭を共同で行い賑わう。
D 野神祭りの日、小学生がグループに分かれて水質定点調査を行う。この調査は、水環境を子供たちに認識させるためのもので、地域の大人の主導で行われる。

8月9日から16日まで御幣の竹と結界の注連縄を張る。当日、酒、そら豆を供える。そして、夕方の村を一周する行列が始まる。行列は、竹を先頭に子供が「だ〜んだこ、だんちきちきち〜き」としゃぎり囃子を歌い、その後ろを大人が鉦、太鼓、笛を奏しながら集落を回る。

その後、虫送りの意味も込めて神木の前で竹を焼く「どんど焼き」を行う。

平成12年（2000）から納涼祭があり、自治会・消防隊中心に地域の交流がある。この日に5グループに分かれた小学生による、水質定点調査を行う。野神を中心に祭など地域おこし活動が活発な地域である（❼）。

甲良町北落「火まわしの杜」

甲良町の北部、犬上川に近い水田の中ほどに北落集落の野神は位置する。集落の北東、陰陽道でいう鬼門にあたり、悪霊の出入り口の方角に位置して村や農作業を守護するとも言われる。

滋賀県のほとんどの野神は年1回のみの参拝であるが、ここは、当番の神主（1年間務める）が毎月1日と15日の真夜中（午前2〜3時）に一人でお参りすることになっている。真冬の夜中に一人で参るのは簡単ではないが、生きた信仰として現在も続いている。

7月7日の野神祭には、米、塩、水、野菜、するめ、御神酒、果物、花などをお供えする。そして、この地域の風物詩にもなっている「火回し」をこの杜の中の広場で行う。当日は、日吉神社から火を野神に持ってゆき、わらの束に火をつけてぐるぐる回す。これは「虫送り」の意味合いもあるという。

参加するのはほとんど子供たちで、かつては男の子だけであったが、今は女の子も多く参加する。小学生、そして幼稚園児も参加する。火のついた藁束を子供たちが回すことはかなり勇気のいることで、そのようすを大人たちは暖かく見守る。初めて参加する子供は「怖い〜」

甲良町 犬上川南岸に位置する。産業は米作中心だったが、沖積扇状地で水利が悪く、犬上ダムの完成でようやく安定した。戦国時代の武将、藤堂高虎や日光東照宮建設に従事した甲良豊後守宗広の出身地として知られる。

と緊張して、慣れない子たちに「ゆーっくり回してや」とか「がんばってな」などかけ声を忘れない。

このように、わくわくしながら身体で体験した記憶を、彼、彼女たちが大人になってまた次の世代に継承する。こうした行為儀礼がいつまでも伝承されることを願いたい（❽）。

甲良町正楽寺「鈴虫の森」

北落の南東にある正楽寺の野神は、平成元年（1989）に親水公園を設けるため伐採の計画が持ち上がったが、住民が木々を残すことを希望したため計画が変更された。水路を設けてスズムシを育てることになったため、「鈴虫の森」と呼ばれる。

3月7日、地元住民も参加する巫女による湯上げ神事がある。かつては、5月5日の端午の節句に野神の前で牛に粽を食べさせたという。

甲良町池寺「柊（ヒイラギ）の杜」

正楽寺の西隣にあたる池寺の野神は、ヒイラギの巨木があるので、平成元年に親水公園に整備されてからは、「柊の杜」とも呼ばれる。

集落住民を中心に「野神講」という助け合いの制度があり、講員17名が携わって野神の杜の管理を行っている。かつては祭があったが、現在は月に2回花を供えるだけになっている。また、年2回お参りとは別に行われる草刈りや団体旅行もある。信仰だけではなく、楽しみながら森を守る仕組みなので継続できると地元の人は語る。

近江八幡市新巻町

近江八幡市の南端、雪野山と日野川の間に新巻町はある。野神祭は、8月申の日に当番（22軒の内、2軒）が蝋燭を立てて行う。野神は牛の神と言われ、「牛の舌」と呼ばれるニシンの煮付けを供える。この際、集落や水田を巡回しながら鉦を鳴らすことを「ノブレ（野触れ）」と呼ぶ[11]。

近江八幡市 琵琶湖の東岸、滋賀県のほぼ中央に位置する。戦国時代、豊臣秀次によって八幡山城が築かれ、城下町が建設された。商業が盛んとなり、江戸時代には蚊帳・麻布などを扱う商人を輩出した。

11　近江八幡市史編集委員会編『近江八幡の歴史』第三巻祈りと祭り、2007年、pp.290-291。

❽ 甲良町北落の火回し野神祭

A 7月7日、甲良町北落の野神に集落の住民が集合する。
B それぞれの藁束を手に順番を待つ子供たち。
C 子供たちが藁束に火をつけて回す。写真右奥の祠の前でこの年の当番が子供の火回しを見守る。
D 火回しを見つめる集落の人々。

祭の構成内容と意味

野神へ捧げる芸能と松明―雨乞いと虫送り

野神祭は地域によってさまざまであるが、それらには共通する要素がある。それは「芸能」と「松明」の巡回である。

「芸能」は、太鼓、笛、鉦に合わせて歌いながら、水田や村を巡回の行列がある。このように太鼓や歌などの芸能は「音を虫が嫌う」[12]意味での虫送りだろう。

また、「松明」は高月町と甲良町とも行われる共通点であるが、大切な稲が稔る時期の害虫駆除をかねたものであり、「虫送り」とも思われる。江戸時代の絵図に描かれた虫送りでは、松明をかざした一団が太鼓を打ち鳴らしながら歩いている（⑧）。

野神祭で虫送りを行うのは、豊作を祈り、「農神」とも呼ばれた野神の生命力によって農作業における害虫などの災厄を追い払おうという意味を持っている。稲の生育状況にあわせて、虫を追い払うべき時期に実際の火を持って太鼓や鉦を鳴らし、時には歌を合唱しながら回る。

このように虫送りの時期に松明をかかげ太鼓などを叩き鳴らして行う野神祭は滋賀県各所で見られるが[13]、東アジアの農耕社会に共通する農の神を祀る儀礼[14]といえよう。

これとあわせて、野神の「直会」を忘れてはならない。祭の後は、なごやかに御馳走を楽しむ直会が始まり、地域のささやかな交流会が開かれる。この日だけは、労働を忘れて酒も食事も精一杯楽しむ[15]、いわば神人和合の空間であり、祝祭の時間が野神祭である。

合同野神祭の意味―自然環境と地域社会の協調の試み

野神信仰で注目すべきことは、二つの集落が男神・女神と決めて、1ヶ所で祀っている例があることである（尾山・持寺集落、雨森・保延寺集落）（②、⑥）。持寺集落

---

[12] 井上頼寿『近江祭禮風土記 農耕儀禮』、1973年、p.98。

[13] 井上頼寿『近江祭禮風土記 農耕儀禮』、1973年、pp.94-111。

[14] 中国の古い記録を見ると『詩経』と『周礼』にある。韓国にも類似の祭で、太鼓をたたき農業と田の神を祀った記録がある。高麗末期の学者、李穀（1298～1351年）『稼亭集』に「鳴竽擊鼓更吹豳……句驪唱歌田畯神（太鼓を叩いて笛を吹き歌を歌い田の神を迎える）」（『稼亭集』国訳2、2007年、pp.305-306）という一節がある。

[15] かつての祭を回想して、地元のお年寄りは次のように語った。「何しろこの日は、なんともいえない楽しい一日で、皆が集まり歌を歌い合う。野神を身近に感じる。自分たちが主客で会食する。御馳走をいつもの分の何倍ももらう。まったく夢のような一日であるわけです。」

と尾山集落は集落の一番上流の高時川のそばで、2本の杉を男神・女神、それぞれの神木として同じ場所で祀る。そして、注連縄は両神木をつないでいる。また、雨森・保延寺も1ヶ所に男神・女神の野神を祀っている。どちらも二つの集落が同じ場所の野神を祀り、二つの集落が同時に野神祭を合同で行う。

では、野神祭当日の尾山集落（男神）・持寺集落（女神）の内容を見よう。かつて、持寺と尾山集落では白装束を身にまとった。「餅の井落し」の死を意味する服装と同じであったという。すなわち、命がけの戦いであった水争いの「餅ノ井落し」の服装を両集落が再現したのである。

そして、行列を見ると、上流地域の尾山集落（男神）が松明を持ちながら、わざわざ集落はずれの田の中で腰を落として持寺集落の行列を待ち、野神に参る順番を持寺集落に譲ることを演じる。

また、雨森・保延寺集落も野神に到着するのは同じであるが、保延寺集落の行列を待ち、下流集落の雨森集落（女神）の行列が先に参る構図になっている。このように、二つの集落が同じところにそれぞれの男神・女神を決めて合同で祭を行い、「下流集落を優先させる」普段の逆転のように見える構図を演じることは、いったい何を意味するのだろうか。

筆者は、すでに見てきた水をめぐる厳しい環境（❸）の中を生きた集落どうしが協力なしに生きられない「運命共同体」であることを理解し確認する、いわば「劇的交流」が隠されていると考える。両集落のご神木の注連縄がつながって結び合わせているように、同じ場所の野神の祀ることは、「協力して生きていこうとする決意」の表現であり、その儀礼化といえよう。

お互い協力して生きる農村社会の仕組みについて井上は、「農耕は個人ではなく、田に水を引くにしても雨乞いにしても孤立してはいけない。田植えを一人で早くする

と虫が集中して全部食われる」[16]といった弊害を避けるため、協調して生きる仕組みになっていると述べている。

また、地元では、「水の流れで村の地位がある」ともいうように、水の流れの順番に集落の優勢が決まる普段は変えられない構図が、この日だけは崩されてお参りの順番を譲り、和解や協力をお互い意識する。薗田は祭の構造を「コスモスからカオスそして、コスモスの構図をいい、祭礼の時に限って『日常の逆転』におけるコミュニケーション」[17]があると述べる。

普段は上流（男神）―下流（女神）の二元的対立の構図が、カオスからコスモスへの和解の再創造―劇的モチーフとして構成されているのではないだろうか。

3 鎮守の杜―野神の持続保全

野神と集落づくり

伊香郡高月町（現、長浜市）は、行政が集落づくりを支援する企画を推進し、地域住民が積極的に参加して環境整備や集落づくりを進めてきた。すでにみてきたように、かつて水をめぐる争いや葛藤があったが、昭和15年（1940）に合同井堰が完成して以来、高月町には年中流れる水路ができ水に恵まれている。その豊かな水を生かして、集落づくりのさまざまな試みがある。

ここでは、雨森集落、渡岸寺集落、甲良町の三つの地域の野神を中心とした水を再利用した町づくりの事例を取り上げたい。今日、高齢化や人口減少で地域社会や祭の衰えが問題視されているが、この地域では人々が誇りを持って「好きな町」[18]に住み、自分たちの地域社会をどう再構築しているのか、その一端が野神を通してみえてくるはずである。

[16] 井上頼寿『近江祭禮風土記 農耕儀禮』、1973年、p.98。

[17] 薗田稔『祭りの現象学』、弘文堂、1990年、pp.58-63。

[18] 高月町では、地域に愛着を持ち、その環境を次世代に積極的に伝えようとさまざまな取り込みに励む人々は多い。中でも20年もの歳月をかけて町づくりに関わる渡岸寺集落のYMさんやTMさんは「生まれ育ったこの町が好きだから」と語る。

事例1　水を生かした集落づくり—雨森集落

　長浜市高月町の雨森集落（平成23年2月1日現在、人口約421人、世帯数約114戸。❾）の町づくりの中心になっているのは雨森芳洲庵である。

　雨森集落の町づくりは早くから着手され、昭和60年（1985）、滋賀県がその前年に施行した「ふるさと滋賀の風景を守り育てる条例」で、近隣景観形成協定第1号の認定を受け、「ふるさと雨森の風景を守り育てる協定」を締結した。「雨森の家並み」として湖国百景にも選ばれた。地域住民は、「景観づくり草の根の集い」を開催するなど美しい地域づくりのための自主的な取り組みを始めた。

　その結果、年中流れる水路にコイが泳ぎ、水車が回る美しい集落として広く知られるようになり、第1回花のまちづくりコンクールの農林水産大臣賞を受賞、建設省の「手作り郷土賞」にも選ばれた。全国に知られるようになり、年間1万人前後の人がこの交通の便がよいとはいえない集落を訪れている。

　雨森集落の鎮守の杜、天川命神社の前には、かつて水をめぐる争いで命を落とした大橋久兵衛の石碑が立っている。かつては、壮絶な争いの原因になった水が、現在では集落のすみずみを水路になって潤し、町づくりの基になっていることは興味深い。

事例2　野神と集落づくり—渡岸寺集落

　渡岸寺集落（平成23年2月1日現在人口221人、63戸。❼）の野神は、渡岸寺と天神社の前の用水路の分岐点に生えているケヤキの巨木である。村は用水路から引かれた水路に囲まれた美しい景観を保っている。平成3年（1991）、滋賀県が進める「創意と工夫の郷づくり事業」の指定を受けて「洗心の郷渡岸寺郷づくり計画」を策定し、町づくりに取り込んだ。「美しい川づくり」を大きなテーマとして掲げ、自主的に自治会や地域の消防団を中心に「美

雨森芳洲庵　儒学者・雨森芳洲(1668〜1755)は、雨森村の医者の家に生まれ、対馬藩（現長崎県）に仕えて日朝修交に活躍したことで知られる。釜山に3年間留学して、朝鮮通信使の真文役として江戸往復に殖行。その著書『交隣提醒』には、現代にも通用する「誠信外交」の秘訣が述べられている。「東アジア交流ハウス雨森芳洲庵」は、昭和59年（1984）、滋賀県の「小さな世界都市づくりモデル事業」の指定を受けて建設されたもので、毎年韓国の学生との活発な交流の場となっている。

❾ 長浜市高月町雨森集落の町づくり

A B 水路を利用して積極的な景観美化を行い、建設省の「手作り郷土賞」など受賞した（写真提供：びわこビジタービューロー）。

C 町づくりの拠点の一つとなっている東アジア交流ハウス雨森芳洲庵。郷土の偉人・雨森芳洲関係の資料を展示している。

D 集落の鎮守、天川命神社はイチョウの巨木が目印。境内に大橋久兵衛の石碑が立つ。

しい景観をつくる協定書」を作成して積極的に景観づくりに取り組んでいる。

　小川を整備して水路の管理に力を入れ、ごみ箱をなくしたり自動販売機や看板を撤去したりするなど自主的に地域の景観造成に励み、平成5年（1993）には滋賀県知事から近隣景観形成協定認定書を受けた。このような町づくりは、距離的にも近い雨森集落の町づくりとお互いに影響しあっており、「協定書」の中には「村の川に雨森のように鯉（こい）などの魚を泳がせる」という記述も見られる。

　平成12年（2000）以降、8月16日の野神祭は人々の交流と納涼祭を兼ねて開かれ、野神祭の再生が地域の活発な交流へとつながった。特に、野神祭の当日、地域の人々や小学生を中心とする水質環境調査は注目すべき活動である（❻）。子供を取り込んだ環境意識の伝達や景観づくり、そして野神祭の新たな試みは地域全体の活性化をうながした。このように「好きな町」を残すためのさまざまな取り込みは、都市化によって民俗文化が衰えていく今日において、鎮守の杜の持続と保全の方法を考えるうえで重要な手掛かりとなるだろう。

事例3　甲良町（こうらちょう）の親水公園—水を利用した集落づくり

　犬上郡甲良町は13の集落があり、各集落に「むらづくり委員会」が設置されている[19]。住民・行政・専門家のパートナーシップによる住民参加のまちづくりが平成元年（1989）から進められ、「せせらぎ遊園のまちづくり」の企画で、水に親しむための親水公園13ヶ所が作られた（❿）。その一つである池寺（いけでら）の野神「柊（ひいらぎ）の森」は、小さな祠の脇に神木があり、その枝にブランコを設置したユニークなところである。

　長寺（おさでら）集落と池寺集落の間に広がる水田に、池寺集落の「野神の森」として親しまれる冬も青々と茂るヒイラギ*の木がある。このヒイラギの葉は歯が悪い人が嚙むとう

[19]　昭和63年〜平成元年に「ふるさと創生事業」の交付1億円を受けて進めた村づくりは、平成2年（1990）親水公園第1号をはじめ、数々の賞を受賞し、全国に知られた。（『甲良町史』、pp.77-80、甲良町HP：http://www.kouratown.jp/index.html）

ヒイラギ　モクセイ科の常緑小高木。葉は卵形で厚く、縁にトゲ状のギザギザがある。10〜11月に香りのある白い小花が咲く。節分には、悪鬼払いとして、枝葉にイワシの頭をつけて門口にさす風習をもつ地域もある。

ずきが止まるので「歯痛の治る木」とも呼ばれている。

平成元年、周囲に植林して水路を自然に近い小川のように改修し、農業用水として汲み上げられていた地下水の親水公園が作られた。野神の周囲に植えられた木々は新たな憩いの場となり、豊富に流れる水は水田を潤し、野菜を洗うなど、さまざまに利用されている。

野神の生育と生態保全

次に、野神の生育問題と生態保全を見よう。野神の神木を脅かす大きな問題としては自然災害・害虫と人為的原因があげられる。中でも最も深刻なのは後者の人間側の都合によって神木の生育が妨げられることである。道路や建造物を造成する際には根などに傷を与えて切り取り、枝打ちをし、それが原因で木が枯れることが多い。都市化や田地の圃場整備にともなう環境の変化などによって、移動させられたり場所ごと消滅する事例も少なくない。

近江八幡市の野神は、高月町や甲良町に比べるとこんもりした森も老木も少ない。野神の場所の移動や伐採などで祠だけになると本来の形態もわかりにくく、場所の雰囲気も変わる。周囲の樹木の伐採によって裸地化が進み、単木となることで気象変化の影響をすぐに受けてしまうことも看過できない。

また、台風や害虫などの自然災害による倒木や枯死もしばしば起きる。特に、こんもりした森よりも野神のような単木や数本の林の場合、風や雷など自然災害を受けやすい。これらは積極的な保全措置を行うことによって解決しうるが、地元の信仰心だけを頼りにしていては難しい面もある。このように生態を脅かすさまざまな問題には、行政や樹木医等の専門家や地域社会、そして社会全般における認識を改めることが解決の手掛かりとなるだろう。したがって地域社会だけではなく、行政なども

A 甲良町池寺の親水公園「柊の森」は、農業用水路の水を野神の周囲に流して、景観を仕上げた。中央下は、公園化の際、設置された円筒分水の原理を利用した分水施設。
B 親水公園となる前の池寺の野神。
C 水路がめぐる親水公園「柊の森」となった池寺の野神。

❿ 甲良町の親水公園

積極的に取り込むことが必要となってくる。樹木医や専門家の意見を取り入れて積極的措置を行うべきだが、これには費用がかかるという厄介な問題がある。行政と地域社会、そして社会全般の認識を高めることが重要である。

滋賀県緑化推進会と長浜市の措置事例

多くの鎮守の杜や老木のある滋賀県で、行政はどのような取り組みを行っているだろうか。㈶滋賀県緑化推進会は「緑の募金」を活用してさまざまな活動を広げている。例えば、巨木保全のボランティア活動に取り組む滋賀県樹木医会への活動支援である。滋賀県樹木医会は長

浜市（平成22年の合併以前は伊香郡高月町）と協力して、市民の認識向上を目的として、「JRふれあいウォーク・樹木医と歩くたかつき巨木探訪ウォーク」を平成19年（2007）から催している。毎回、百数十人もの人々が参加して関心は高いという。また、巨樹を回りながら実習する緑の少年団指導者研修会も行い、木に関する知識の啓蒙・普及を進めている。

そして、樹木の実質的な保全措置は「淡海（おうみ）の巨木・名木次世代継承事業[20]」で、歴史ある老木を対象に平成21年（2009）から事業が始まり、専門知識のある樹木医が診断し、土壌改良、施肥などの実質的措置が行われている（⓫）。この措置は、老木を保全するために重要な意味があり、従来の苗木を植えるだけで自然を保全したと唱える活動ではなく、樹木を継続的・実質的に保全して次世代に継承することが可能となる。今後の活動が注目される興味深い活動である。

次に、高月町と合併した長浜市の保存樹措置をみよう。野神信仰が最も多く残っている長浜市は自然保護事業に積極的で、平成23年（2011）2月現在82ヶ所の保存樹を指定している。これらの中で、樹勢が弱く手当てが必要なものには、保全措置も行われている。これらの保存樹指定について興味深い文言がみられる。保存樹とは、「長浜市住みよい緑のまちづくりの会」が指定するが、「世の中の移り変わりをじっと見つめ、豊かな緑で私たちに潤いと安らぎを与えてくれる、樹齢を重ねているなどの由緒ある樹木」だとしている。また、その指定基準[21]も注目したい。これと環境省の巨木の定義の指定の基準との違いも興味深い。

すなわち、保存樹は単に大きさ、太さではなく、地域でどれほど大事にして親しまれたか、その文化的意味をこめて指定された点が注目に値する。繰り返すが、植物として信仰の対象である杜すなわち野神の持続的保全の

20 「緑の募金による森林整備等の推進に関する法律」（平成7年法律第88号）に基づき、「淡海の巨木・名木次世代継承事業」が創設された。従来は幼木の植栽等に重点を置いたが、保全措置が望ましい樹木に対し、専門の樹木医の必要な手当を施し（土壌改良、肥料等）次世代への継承を図る。

21 風格のある木、枝振りが見事な木、言い伝えがあり、行き交う人々の休憩場所や、旅人の道しるべになっていたような木。小鳥などが群がる大きな木 地の境界を表示す木などの基準がある。

⓫ ㈶滋賀県緑化推進会「緑の募金」の活用事例

滋賀県は「淡海の巨木・名木次世代継承事業」によって、保全が必要な所に土壌改良材、肥料を施すなど、専門の樹木医らによる実質的措置を行っている。
（写真提供：㈶滋賀県緑化推進会）

ためには、生態環境の実質的保全（ハード）の面と人々の認識（ソフト）の面の両方が必要である。今後、鎮守の杜や野神を持続的に保全させるために滋賀県の措置が大きく寄与することを期待したい。

4 まとめ

　野神の植生を見ると、高月町と湖北町（ともに現、長浜市）、甲良町ではニレ科が多い。ケヤキは6ヶ所、スギ5ヶ所、他にエノキ、ムクの木、ヒイラギなどである。ケヤキとスギ、そしてエノキやムクは樹観が美しく、生命力が強いため巨木になるが、野神の位置関係を見ると植樹した可能性があると考えられる。そして、木が枯れると新たな木の植樹と保護が繰り返されて、今日まで祀られてきた。

　水田の中の野神は農作業の後のひと休みの場所として利用され、防風林や水害防止の役割もはたす。祈りの場所であると同時に、生態的にも直接に実利を与えたのである。野神の形態はさまざまで、甲良町3ヶ所はこんもりした森に祠がある。高月町は祠も神像もなく、1本の神木に注連縄を張っただけである。また、すでにみてきたように野神の中には、男女神として二つの地域が合同で祀る例があり、興味深い。このように野神は、支配や政治と関連づけられた権力的な神ではなく、生活の身近に棲まう神なのである。

　都市化やライフスタイルの変化、そして環境・気候変動などの影響とともに野神をめぐる環境も変わっていく。かつて農業が主な産業であった時に「水と地域」を守ってきた「野神」は、現在は生業のためのみならず、景観の重要な要素として水が蘇り再評価されている。水と森のもつ、その霊性、生命力、文化誌的側面をもう一度喚起して、行政も地域社会全体における持続保全のあり方を検討すべきだろう。

　また、多くの地域で民俗の衰退がささやかれる現在、祭の再生や野神の杜を中心とした町づくりの試みは、野

神祭だけではなく、植物などに対して畏敬の念を抱くきっかけとなるだろう。杜は、自然環境とカミ、人間社会が一つのつながり・秩序によって営まれることの象徴である。動けず大地に根を降ろしている聖なる木々は人為的・自然災害にたびたび襲われる。

　一方、それがあって当然と考える人々は普段はなかなかその大切さに気づかない。そして失ってから初めて大切さを思い知るのでは遅い。数百年を経た思い出の木々は二度と戻らないことを忘れてはならないだろう。

滋賀の野神信仰

滋賀県

長浜市高月町

1 持寺・尾山の野神

【所在地】長浜市高月町持寺・尾山
【樹種】スギ 【野神祭】8月16日 【指定】なし

二つの集落が祀る野神

【位置・由来・特徴】尾山の東山麓に位置する。持寺と尾山、二つの集落が祀る。高時川の分水の用水「上水井(じょうすい)」の横で集落を見下ろすところに位置している。「井明神社」が野神のすぐ上に生い繁っている。

2 柏原(かしはら)の野神

【所在地】長浜市高月町柏原　【樹種】ケヤキ　【野神祭】8月16日　【指定】自然記念物

高時川の氾濫から堤防を守ったご神木

【位置・由来・特徴】高時川に近い八幡神社の入口に位置する。大正時代までは高時川が氾濫して堤防が危ないと神木の枝を切って堤防を守ったという。神木には枝を切った後、出てきたこぶが多いという。平成22年（2010）滋賀県緑化推進会の支援を受けて保全措置を行った。

滋賀の野神信仰

3 渡岸寺の野神（どうがんじ）

【所在地】長浜市高月町渡岸寺　　【樹種】ケヤキ
【野神祭】８月16日　　【指定】保存樹

自治会を中心に活発な町づくりを行う地域

【位置・由来・特徴】仏像彫刻の傑作として全国的に知られる国宝十一面観音立像を有する向源寺（渡岸寺観音堂）の南、天神社の入口にある用水路の分水点に位置する。平成12年（2000）以降は、野神祭と納涼祭を同時に行うようになった。自治会・消防隊を中心に地域の交流や小学生による水質定点調査を行うなど、町づくりの活発な地域である。

4 雨森・保延寺の野神（あめのもり ほうえんじ）

【所在地】長浜市高月町雨森・保延寺
【樹種】ケヤキ
【野神祭】８月18日に近い日曜日
【指定】なし

雨森・保延寺両集落から行列をして参る野神祭

【位置・由来・特徴】蔵座寺（雨森観音堂）の後方、用水路の横に位置して、雨森・保延寺両集落が祀る。以前は高時川東岸、富長橋近くの河原（通称「野神瀬（のかみせ）」）に位置したが、川の浸食により堤防が東に移動していったため、昭和30年（1955）頃、両集落の境界近くにあった現在のケヤキを野神とした。

5 高野の野神

【所在地】長浜市高月町高野
【樹種】スギ
【野神祭】8月17日に近い日曜日
【指定】なし

集落の境界をめぐる「ゴマワリ」

【位置・由来・特徴】野神は高野神社から一直線に降りたところにある一本杉である。水田と集落の境界に位置して「野大神」と刻まれた石碑がある。野神祭では、「ゴマワリ（郷廻り）」と呼ばれる、太鼓と鉦を打ち鳴らしながら、長さ約2mの松明を3人がかりで担いで集落の境界約2kmを歩く行事を行う。

6 唐川（からかわ）の野神

【所在地】長浜市高月町唐川
【樹種】スギ
【野神祭】8月16日
【指定】保存樹

水路横に位置する「野大神」

【位置・由来・特徴】唐川集落の入口の水路の横に位置する。昭和24年（1949）に立てられた石碑には「野大神」と刻まれている。かつては、野神祭の際に木の前で子供たちによる太鼓踊りが先祖供養を兼ねて行われていたが、現在は途絶えている。唐川大杉保存会が地元有志で結成されているほか、平成22年（2010）、滋賀県緑化推進会の支援を受けて保全措置がとられた。

滋賀の野神信仰

7 高月の野神

【所在地】長浜市高月町高月　【樹種】ムク　【野神祭】8月17日　【指定】保存樹

雨を願って自決した前田俊蔵を偲ぶ

【位置・由来・特徴】こんもりと土を盛った塚の中にムクの木がある。以前、工場を建てる際、野神の木々を伐採しようとしたが、地域住民の反対でそのまま残された。8月17日の野神祭では、前田俊蔵が雨乞いをした「夜叉ヶ池(やしゃ)」(岐阜県と福井県の県境付近の池、標高1,099mの山頂付近)に行って水をくみ、野神塚に供える。命日の8月23日、「俊蔵祭」に盆踊りと法要を行う。

8 西物部の野神(にしものべ)

【所在地】長浜市高月町西物部　【樹種】ケヤキ
【野神祭】8月20日　【指定】なし

水田の中にそびえ立つ野神さん

【位置・由来・特徴】集落のはずれにある水田の中、少し盛り上がったところにある。整備前はスギなどが生えたこんもりした森だった。野神は水田の中にあって夏の休憩の場になり、集落からも野神からもお互い見える位置である。「野大神」の標柱が立つ。

9 柳野中の野神

【所在地】長浜市高月町柳野中
【樹種】モミ
【野神祭】8月17日
【指定】なし

神社境内にある野神を祀る「野神講」

【位置・由来・特徴】大表神社の境内、本殿の西側に位置する。余呉川から分かれた水路が神社の前を結界のように流れる。以前は、野神のかたわらに井戸があったが、埋めたという。8月17日の野神祭は、「野神講」と呼ばれる。帳面に記された家の順番で担当し、しめサバやササゲ豆の醤油びたしなどを神饌とする。平成23年（2011）1月、住民からの寄贈で立派な石碑が立った。

10 松尾・重則の野神

【場所】長浜市高月町松尾・重則
【樹種】スギ
【野神祭】8月17日
【指定】保存樹

遠くから見つけられるほどの存在感

【位置・由来・特徴】集落はずれの山すそに位置した巨木である。遠方から山を眺めるとすぐ目につく（下の写真、矢印）。8月17日、朝5時から周囲の草刈りをし、お神酒を捧げてささやかな祭が行われる。

滋賀の野神信仰

長浜市木之本町

11　黒田の野神

【所在地】長浜市木之本町黒田
樹種】アカガシ
【野神祭】8月17日
【指定】自然記念物

積雪地帯には非常に稀なアカガシの巨木

【位置・由来・特徴】集落の背後の山裾にどっしり構えている。本来、アカガシは温暖な地域に自生する常緑樹であり、冬にはかなりの積雪がある当地のような環境で、巨木になるのは非常に珍しい。そのため、滋賀県自然記念物（木之本町）、「新・日本名木百選」に選定されており、地域の誇りとなっている。本多静六編『大日本老樹名木誌』（1913年）には、「古来之ヲ野神ト称シ尊崇ス」と記述されている。8月17日に野神祭がある。

長浜市湖北町

12　田中の野神

【所在地】長浜市湖北町田中
樹種】エノキ
【野神祭】8月20日
【指定】自然記念物

湖北地方で「エンネ」と呼ばれる榎木

【位置・由来・特徴】集落の東側、整備された児童公園の一角に位置する。湖北では榎木（エノキ）を「エンネ」、湖南地域では「ヨノミ」と呼ぶ。地元では、江戸時代、街道を往来する人々の里程の印として植樹された「一里塚」と伝える。昭和46年（1971）の治水整備の際、周囲のサクラなどの樹木はすべて切り倒され、エノキのみの単木となった。

犬上郡甲良町

13　柊の野神(ひいらぎ)

【所在地】犬上郡甲良町池寺　　【樹種】ヒイラギ
【野神祭】春と秋：不定期
【指定】自然記念物

親水公園化された歯痛の治る木
【位置・由来・特徴】長寺集落と池寺の集落の間、水田の中の小高い丘にある。平成元年（1989）に親水公園化された時、地下水を農業用水として汲み上げて、杜の中に流れをつくり憩いの場として整備された。冬も青々と茂るヒイラギの葉は歯が悪い人が噛むとうずきが止まるので「歯痛の治る木」という別名がある。平成22年（2010）、滋賀県緑化推進会の支援を受けて保全措置を行った。

14　池寺の天狗杉(いけでら・てんぐ)

【所在地】犬上郡甲良町池寺　　【樹種】スギ
【野神祭】９月２日　　【指定】なし

溜池の水と集落を見守る
【位置・由来・特徴】池寺集落を見下ろす高台の「若宮溜」の脇にある。９月２日、根本にある祠に酒などをお供えする。昔、ある人が枝を切った後、村に大火災があったため、祭が行われるようになった。若宮溜は、この辺りに多い農業用溜池の一つで、平成14年（2002）に農村自然環境整備事業（ビオトープ型生態系保全）によって整備された。「天狗スギ」は、農業に欠かせない池の水と集落を見守ると言われる。

滋賀の野神信仰

15 鈴虫の森の野神

【所在地】犬上郡甲良町正楽寺
【樹種】ケヤキ、スギ、クスなど
【野神祭】3月7日　湯上げ神事をする
【指定】自然記念物

伐採予定が住民の反対で中止に

【位置・由来・特徴】犬上川近く、正楽寺集落はずれの水田の中に位置する。平成元年（1989）、親水公園化されるのにともない伐採予定であったが、地域住民の希望により木々が残された。計画を変更して水路を作り、鈴虫を育てることを決めたので「鈴虫の森」とも呼ぶ。

16 火回しの杜

【所在地】犬上郡甲良町北落　　【樹種】ケヤキ、カシなど　　【野神祭】7月の第1日曜日　　【指定】なし

鬼門の位置から村を見守る野神さん

【位置・由来・特徴】野神の杜は犬上川に近い水田の中、集落の北東にあたり、陰陽道（おんみょうどう）でいう鬼門の方角に位置し、集落や農業を守っている。南に進むと日吉神社がある。野神の神主（当番）が毎月1日と15日の真夜中に一人で、ご飯、塩、ニンジン、スルメ、昆布、リンゴ、酒のお供えを持ってお参りする。ロウソクに火を灯して、その火が消えるまで、祠に向かって一人で祈る。7月第1日曜日の祭では、子供たちによる火回しの行事がある。

近江八幡市

17 新巻の野神
しんまき

【所在地】近江八幡市新巻町
【樹種】サカキ
【野神祭】8月申の日
【指定】なし

祭で行われる「野触れ」の行事

【位置・由来・特徴】約20年前までは、向かいの藪の中の小さな石を祀っていたが、区画整備の際、集落近くに移された。現在、新巻集落の片隅の工場の前にサカキやタチアオイの花などを新しく植え、「野上社」と刻んだ石碑も新しく立てた。祭では「野触れ」といって、集落や水田を鉦を鳴らしながら巡回する。

18 東横関の野神
ひがしよこぜき

【所在地】近江八幡市東横関町
【樹種】サクラ
【野神祭】旧暦6月2番目の申の日
【指定】なし

野神の供物は、ひとぎの餅、トビウオ

【位置・由来・特徴】春日神社と集落の間の水田の中に位置する。かつて同神社の祭礼で、神輿の御旅所だった場所でもある。サクラの木5本が植えられて、「野神社」と刻まれた昭和10年（1935）建立の石碑がある。祭は、「ひとぎの餅」と当地では呼ばれるシトギ餅（水に一晩つけた粳米をつきくだいたもの）を柿の葉にのせ、火であぶったトビウオ、お神酒とともに供える。

滋賀の野神信仰

19 出町の野神(でまち)

【所在地】近江八幡市出町　　【樹種】サカキ
【野神祭】9月15日　　【指定】なし

祠に「角大師」と「魔滅大師」をまつる

【位置・由来・特徴】三明川(さんめい)の横の駐車場に位置する。三明川のほとりに「野の神様」「田の神様」として祀られ、鎮守である八幡神社より古いとされる。以前は田の中にあったが、昭和47年（1972年）、土地区画整理事業で現在の場所に移された。祭には八幡神社の宮司の祝詞、巫女の湯立て神楽(かぐら)があり、大林地域の水利組合の人々が集う。祠の中には、毎年、町内の人が比叡山から受けた「角大師(つのだいし)」と「魔滅大師(まめ)」の護符をおさめる。社殿化した野神である。

東近江市

20 今里の野神(いまさと)

【所在地】東近江市小脇町(おわき)（旧、今里村）　　【樹種】クロガネモチ　　【野神祭】8月第1週末
【指定】なし

野神さんは地元民の誇り

【位置・由来・特徴】田の中に植林したと思われる樹齢100〜150年ほどのクロガネモチ6本と数本のヒノキが野神を形づくる。地元の人々はこの野神を誇りとし、平成10年（1998）、「まちを語れる人づくり事業自然部会」が、八風街道から田園の中に続く美しい枝振りの常緑樹の木立ちに立てた看板には、「野良仕事の際に木陰での一服(ぽっぷ)が楽しみだった」と記されている。

II
沖縄の御嶽

沖縄本島のウタキ

　沖縄県では神の杜を、「拝所(ウガンジョ)」、「腰当杜(クサテイモリ)」、「御嶽(ウタキ)」、「オン」など、さまざまな呼び方をするが、本章では、「ウタキ」と統一して表記する。

　ウタキは海岸沿い、集落の中、そして山すそや田の中などに多様な植生のこんもりした森としてある。ウタキは、琉球王朝の時代から地域の文化や歴史とともに人々に守られてきた。そして、ウタキの木々は神名やイビ（ウタキの奥で神がいるとされる聖域。文献では「イベ」と表記されている）の名にたびたび登場し歌われ、祭を行う重要な場所として神聖視されてきた。

　また、ウタキの植生や空間の変化は地域誌の変遷を反映する。ウタキは戦争や都市化など人為的な問題、近年は害虫など自然災害の問題に直面している。

　本章では沖縄本島15ヶ所の都市・都市周辺の地域のウタキを現地調査を中心に考察する。まず、ウタキの植生・形態、そして、祭などにどのように歌われ、認識されてきたかを探りたい。また、どのように地域社会と関わってきたかをウタキで行われる祭をもとに検討する。

　それによって、琉球の人々が、自然とカミを一つのつながりとしてとらえた文化の象徴がウタキであることが浮かび上がってくるだろう。そして今後、未来の世代にどうやって持続保全させるべきかを問い、問題点を探りたい。

1 ウタキと「腰当杜」

『琉球国由来記』[*](1713年)をみると、ウタキに関する表記としては「——嶽、神名、——森のイベ（威部）」と列記されることが多く、植物の名のウタキが数多く登場する[1]。沖縄本島では、集落の背後に広がる山々に村を守る神々が鎮座する聖地がある。その聖地を人間の身体的な表現ともいえる「腰当杜（クサテイモリ）」と呼ぶ[2]。本章は「腰当杜」という言葉に焦点を合わせて、ウタキ林が表す生態象徴を探りたい。

「腰当杜」について、仲松は「親が子を膝に抱きかかえ慈しみ、子はまったき信頼でそれに身を委ねる関係」、「村の守護神に抱かれるような村落型、即ち、祭祀血縁共同体の村落型」という。また、伊従勉は「ヒトの思いと場所の特性を重ねて捉える琉球文化の特性」という[3]。

『おもろさうし』[*]や先の『琉球国由来記』の記載には、「コシアテノの杜」という記述がみられる[4]。これはもちろん「腰当杜」をさすものである。人間社会が安心立命できうる理想の地を求める際、生態環境的に北風を防ぐ山と南に豊富な水の川が流れていることが、村の繁栄に直結すると考えられていたことが、少なからず関係しているといえそうだ。村を開く際には背後の山々に村を守る神々が鎮まると考えられており、腰当杜の「腰当（クサテイ）」とは「頼りにする」「支えにする」という意味の方言である。この言葉は人間の身体の部位を含んでいるため、自然に人間を重ねて把握していると考えられる。

これを後押ししたのが、18世紀に琉球へ入ってきた風水（ふうすい）や植樹論だといわれている。しかし、沖縄の村落を風水の観点から見ると、その背後に山が広がっている中にウタキがある事例もあるが、最初から風水の観点で植樹

『琉球国由来記』 琉球王国の王府が初めて編纂された体系的な地誌で、康熙52年（1713）成立。全21巻。

1 「——嶽」は山のある地名で、その森にいるカミを「——森のイベ」というように表記（例えば、「下国場ノ嶽　神名カネノ森御イベ」と記す）しており、「イベ」は、神のいる場所と神名を示すと思われる。

2 腰当杜（クサテイモリ）をモリという語源に注目して述べたのは伊波普猷で、「杜は神の在処の森」と述べる。韓国にも山を意味する「モイ」という言葉があり、日本と韓国の間に「モリ」の類似の表現があることを示唆している（伊波普猷『琉球古今記』、1926年、p.340）。

3 仲松弥秀『神と村』、1990年、p.257。伊従勉『琉球祭祀空間の研究—カミとヒトの環境学』、2005年、p.13。

『おもろさうし』 尚清王代の嘉靖10年（1531）から尚豊王代の天啓3年（1623）まで王府によって編纂された歌集。叙事的歌謡「おもろ」1554首を集録。全22巻。

4 現在、一般的に「腰当杜（クサテイモリ）」と読み書きされることが多いが、文献では「腰当て森（コシアテモリ）」の表現が多い。『おもろさうし』第三、101に「国中（くになか）の杜に世の腰当て（こしあて）」などがみられる。『琉球国由来記』（外間守善・波照間永吉編著）には、コシアテノ御イベ（巻14：384）、コシアテ森（巻16：50、55、62）などの記載がある。すなわち、「腰当て森」が「腰当杜」になったと思われる。

上ヌ毛　　　　　　　　　　　　　　　登野城ウタキ

A 国場集落背後の腰当杜のウタキ
（都市化の進む那覇市では、緑が残っている所の多くは聖なるウタキである。）

B 登野城ウタキ
背後の木は戦後、新しく植えたアカギ。その前に並んでいるのは、集められた四つの神位。都市化などで拝所がなくなると、複数の神位を1ヶ所にまとめる例が沖縄では多くみられる。

❶ 集落の背後に広がる「腰当杜」のウタキ

> **那覇市** 沖縄島の南東部に位置する県庁所在地。かつては、琉球王朝の首都首里の外港として、海外貿易の中継基地として発展。1609年、薩摩藩によって、琉球王国を監視するための琉球在番奉行所が置かれた。明治12年（1879）、廃藩置県によって首里にかわり政治の中心地となる。
>
> **国場** 那覇市南部に位置し、戸数約300、人口約1500人。国場川をはさんで東側が仲井真・上間・識名、北側が壺屋、西側は与儀・古波蔵で、往昔より交通の要衝として栄え、沖縄瓦の発祥地として知られている。

5 『琉球国由来記』巻四、35瓦工（外間守善・波照間永吉編著、p.123）には、「当国、瓦作、焼始年代末ダ詳。往昔、唐人渡来、面真和志間切于 国場村居住、同間切於真玉橋村今豊見城間切之内 焼始也。……于御検地帳、渡嘉敷三良云。賜此地也。唐人子孫、于国場村連綿、于 今每年十二月廿四日、焼 紙祭先祖一也。是遺業也。倭国、「用明天皇元年、寺工及鍾鑪博士・瓦博ヲ百済国ヨリ献ル事アリ日本紀。是皆工人ナルベシ」という記述がある。
一方、『瓦屋節』「カラヤーバシ(瓦屋頂原)」に、「瓦屋頂のぼて真南向て見りば 島裏る見ゆる、里や見らぬ」とある。「瓦屋原」とは、国場村の南西、古波蔵村との境にある一番高い丘陵地で真玉橋を前にした場所である（『国場誌』、国場自治会、2003年、p.245）。この歌は、瓦を作る中国人の妻になったと伝える琉球の女性が故郷を思い歌ったものだが、類似の歌が壺屋地域に住みついた朝鮮人陶工、張献功の由来にもあり興味深い。

をする台湾や韓国の多くの事例とは異なり、あくまでも結果として、風水的に良い位置に村とウタキがつくられていった点は留意すべきである。

調査地である那覇市国場の地形とウタキの位置をみると（❶）、ウタキの近くには村の草分け家に当たる旧家（「根屋」）が位置し、村が広がっている[5]。祭ではこの根屋から出発してウタキに向かう壮大な儀礼が行われ、普段は意識しないウタキに守られた「村の秩序」が浮かび上がる。腰当杜は琉球の風土性そのものを表しており、単に自然環境（森や山）が都市や村を囲い込む、といった構造的な視点だけではないことを物語る。つまり、村は根屋を通じて腰当杜に守られている、という琉球の風土を体現した言葉だということができる。

沖縄に風水が伝わってからの歴史は記録的には300年あまりで、それ以前に『おもろさうし』などで「腰当杜」が歌われたことからも、いわば「前風水」としての「腰当杜」に注目すべきだと筆者は考える。

2 ウタキの植生と文化

ウタキの形態は、大木の下に小さい祠が置かれ、イビと呼ばれる素朴な石の祭壇と香炉だけが置かれているものが多い。鳥居も神殿もなく大木にイビ石だけの自然そのままを祀るのがウタキの特徴とみることができる。ウタキの位置をみると、山と丘、町の中や海沿い、多くは山や丘である。また、ウタキは村の共同井戸と関わり祭儀の時はこれらの井戸を巡回するところも多い。杜があることで命の水の恵みをもたらし、これをカミのいるウタキとして祀ることは、ウタキと人間社会との間に、生態と象徴の共生関係があることを示している。また、ウタキの形態は高木を中心とし、周囲の鬱蒼とした森や山

に包まれるのが特徴である。調査地の樹種を、高木を中心に見てみると、ガジュマル*8ヶ所、アカギ*4ヶ所、ビロウ（クバ）*2ヶ所、リュウキュウマツ*2ヶ所、デイゴ*2ヶ所などである。

特に、リュウキュウマツやデイゴなどは古くから琉球王朝を中心に植樹されたと考えられる。尚真王時代、強力な権力を集めて行った事業の一つにマツの植樹があった。この時期の記念碑の中で1497年建立の『官松嶺記』に「国君尚真王は諸官僚に命じて、稚松数千株を栽植せしめ、号して官松嶺と曰う」や『万歳嶺記』に「国君、公卿大夫士庶人等に諭して曰く、各稚松一株を植う以て後の標榜となせ…」と銘している。さらに1501年の円覚寺松尾之碑文に、「稚松一千株を封植し、永く円覚禅寺修理之材用とすべし…」とある[6]。

また、『おもろさうし』巻7の40には松並木の他、蒲葵、梯梧の並木を歌った歌がある[7]。

あぢおそいぎや	按司襲い（王）が
うえさちやるまつなみ	植え差したる松並
たてさちやるこばなみ	立て差したる蒲葵並
あんじおそいぎや	按司襲いが
たてさちやるでぐなみ	立て差したる梯梧並

尚真王の治世の記憶とともにマツやデイゴは琉球文化と500年もの間、深く関わってきたといえよう。

焼物文化とガジュマル森の共存〜壺屋地域

壺焼[8]の産地として知られる壺屋地域は、安里川とガーブ川にはさまれた丘陵を覆うように集落が広がり、水利の恵まれたところに位置する。ウタキは窯がおかれている丘陵の4ヶ所で、壺屋地域の信仰の中心地である

ガジュマル クワ科の常緑高木。漢名は榕樹。樹高10〜20mになる。日本では、屋久島以南の亜熱帯に分布。幹や枝から多数の気根を出す。アコウとともに沖縄では、古来から精霊が宿る木とされる。
[アカギ以降は次ページ]

6 池宮正治「尚真王の松並木」『おもろさうし精華抄』、おもろ研究会編、ひるぎ社、1987年、pp.84-85。

7 前掲書、p.86。

按司 琉球の位階の一つで、古くからの系譜をもつ地域の支配者、いわゆる豪族。「按司襲い」は、按司たちを守護し支配する国王の意味。

8 壺焼は、1616年に薩摩から訪れた朝鮮人陶工、張献功が始まりで、1682年、琉球王府令により統合されて生まれた。
『琉球国由来記』には、「当国、陶始者、万暦四十四年丙辰（1616）……渡=御手薩州。其時、高麗人一官・壱六・三官云、三人之者、御召列御帰国也。本国之于レ人教レ陶。……一六本本国滞在……。其子孫、于レ今泉崎湧田、崎山云人也。此故当時陶之器、称=高麗焼也。」（『琉球国由来記』巻4、49陶工：p.125）とあり、『球陽附巻』11.張献功民に瓷器を教ふ（『那覇市史』資料編第1巻、p.67）には、「高麗人張献功（一六と呼び名乗は量仲）と一官三官等を帯びて本国に回り到る。湧田村に寓居し、民に瓷器を教ふ。其の後一官三官は倶に薩州に返る。独り献功のみ此に留在して瓷器を製造し以て資用に供す。此れよりの後人皆陶工を知るは則ち献功の功なり。」と記述されているように、壺焼は朝鮮の陶工が始まりだった。

ビジュルーグワをはじめ、意図的に植えられたと思われるガジュマルが優占植生を示す。

　明治期の古地図を見ると、集落の背後に広がる森が都市の建築物に囲まれており、窯がおかれた南ヌ窯(フェー)の森はもっともこんもりしている。壺屋地域のガジュマル林は、焼物文化とともに保全されてきた。ガジュマルは燃えにくいので、「火伏せ」の意味で植えられたと伝わる。亜熱帯性気候の沖縄で窯炊きを生業とする陶芸工にとって、窯に火を入れた後、涼しい森は憩いの場であったという。ガジュマルの林について地元の人々は「樹木が茂ってこそ壺屋らしい、夏は涼しく小鳥やセミの音も聞ける」と語る。豊かな森があったことで、井戸水が豊富に出るという利点もあった。

　このように地域の人々とウタキの樹木の関わりは、水や防災、あるいは憩いの場など、多様である。

　また、多くの地域が戦争で焼失したが、壺屋地区は戦前からあまり変わっていないとされ、いまも300年の歴史を誇る焼物文化の中心地である。都市中心部のこんもりしたガジュマルの森は、防災や焼物文化とともに人間社会の「共生の杜」ともいえよう。

　壺屋地域の祭祀は、女性を中心に行われる。旧暦の3月5日に婦人会を中心とした祭祀が行われ、東から西の井戸を巡回する。この地で先祖代々焼物屋を営む高江洲(たかえす)さんは、ガジュマルの森への特別な思いを込めて、次のような琉歌を刻んだ飾りを樹木の下にさげ、観光客の目を引いている。

　戦(いくさ)世ん凌(しぬ)じ　今(なま)にあるガジマル(ママ)
　　我(わ)した壺屋栄(さけ)え　世々(ゆゆ)に願(にが)ら

　太平洋戦争においても壺屋地域が何の被害も受けなかったことはご先祖さまが守ってくれたおかげと考え、

アカギ　トウダイグサ科の常緑高木。熱帯に多く、樹高20m以上になる。冬に緑色の小花を咲かせ、翌冬つける赤褐色の実は甘く食べることができる。赤く堅い材は、紫檀(したん)の代用になる。

ビロウ（クバ）　ヤシ科の常緑高木。沖縄ではクバと呼ばれる。九州以南の海岸に近い森林に自生する。樹高3〜10m。幹は直立し、頂に手のひら状に深く裂けた葉が集まってつく。3〜4月に黄色い花を咲かせ、長楕円形の実がつく。葉が笠や蓑、壁材に用いられる。

リュウキュウマツ　マツ科の常緑高木。南西諸島の海岸付近に分布し、葉は長さ20cmもあり、2本ずつ束になって出る。沖縄県の県木に指定されている。

デイゴ　マメ科の落葉高木で、インド原産。樹高10〜20mになり、3〜5月に蝶のような形の赤い花を咲かせる。沖縄県の県花に指定されている。

尚真王　琉球王国第2尚氏王朝の第3代国王。第9代琉球国王。1500年（弘治13年）のオヤケ赤蜂の乱を平定して八重山諸島を、さらに1522年（嘉靖元年）には与那国島を征服。50年にわたって王位につき、当時が琉球王朝の最盛期とされる。

❷ 壺屋地域のガジュマル林

戦せん姿じ　今にあるガジマル
我した壺屋栄え　世々に願ら

A 那覇市の都市の中にあるこんもりしたガジュマル林は、壺焼の焼物文化とともに栄えてきた。この地で代々陶芸品などを営む店は、地域の文化を見守りながら続いている。
B 上の写真右手のガジュマル。壺屋地域の焼物文化とともに生きてきたガジュマルの老木は、保全措置もなく、台風などの対策が今後の課題である。
C 戦争でも生き抜いたガジュマルを琉歌で歌う。

その象徴であるガジュマルの森が永久に続くことを願う歌であろう。こうして信仰や焼物文化とともに人々と「共生」してきた森は、住民の畏敬の念にもとづく管理が続くかぎり持続されるだろう。したがって、窯の保全とともに樹木の保全も同時に行われるべきであろう。

歌われたウタキの木々と変貌

那覇市の国場ウタキ

国場のウタキは集落祭祀の中心地で北風から集落を守る登野城と上ヌ毛(ウィモ)、そして、集落の前方の道路沿いの前ヌウタキ[9]がある(❸)。ウタキにはさまざまな木々があり、長い間人々に親しまれて、歌われたことが「音頭」に現れる。『国場誌』によると、国場音頭で登野城ウタキは次のように歌われている。

> 登野城(トゥヌグシク)ぬ御嶽(ウタキ)　松(マチ)ぬ樹(キ)ぬ高さ　寒露節(カンルシチ)なりば　鷹(タカ)ゆとゆさ

ここで歌われた高々と伸びたマツは、大人2〜3人が抱えるほどの巨木であったという。しかし、太平洋戦争で国場の裏山に防空壕を作るために、切られたという。現在は、戦後植えられた若いマツやアカキがある。

そして、前ヌウタキは国場音頭で次のように歌われた。

> 国場前ぬ御嶽(ウタキ)　情(ナサキ)ある御嶽うすくガジュマルね　敏木(ビンギ)抱(ダ)ちゅさ

集落の前に位置する前ヌウタキは、「情けある御嶽」と歌われたように親しまれた。音頭の歌詞にある「うすくガジュマル(アコウ)」は現在はないが、国場自治会の会館に飾られた、かつてのアシビ儀礼(後述)を描いた絵図を見るとアコウがあった(❺)。

[9] 『琉球国由来記』(1713年)巻十二、14、15:「下国場ノ嶽、神名カネノ森御いべ」「下国場里主所火神」や『琉球国旧記』(1731年)巻4、8「下国場里主所火神」、神名曰金森之威部がある。

❸ 国場の前ヌウタキ

Ⓐ 国場の前ヌウタキ
Ⓑ 国場の前ヌウタキ（現在）

❹ 上ヌ毛の変貌

かつて祈りの日以外はまったく行かない、鬱蒼としたウタキの森だった頃は、年1回の掃除は費用も人力も大きな負担だった。現在は公園のように整備され、地域住民が日常的に利用しながら祀る場となっている。

前ヌウタキは町の中にあったこともあり、その変貌は激しい。小高い丘に拝所と広場があったが、都市化が進んだ1960年代以降、丘は崩されて、祠は敷地の周辺の数十坪のわずかな土地へと縮小され、井戸跡が残るのみである。かつてどこからでもよく見えたウタキは建物に隠されてかつての面影はない。地元の人々は、「ウタキのある丘を残すこともできたのに、今になって考えてみると惜しいことをした」と口々に言う。この言葉はウタキの縮小は単なる「緑地の縮小」以上のものがあったことを物語る。

　また、国場地域で最も高い丘の上ヌ毛(ウィモ)御嶽には、三つ松（ミィーチマーチ）、二才松（ニーセーマーチ）などが茂っていたが、ここも戦争の時に防空壕を作る際に切られたという。国場音頭をみると次にように歌われた。

　　子(ニ)ぬ方(ファ)ぬ上(ウィ)ぬ毛(モ)、北風(ニシカジ)ぬかたか　冬や温(ヌ)くぬくと夏ぬ涼さ[10]

　国場で最も高い丘のところに位置する上ヌ毛は、夏でも涼しく、冬は北風を防いでくれる約1300坪の丘である。かつて祭祀の日以外は利用されず、鬱蒼とした木々の中にはハブなどが出る危険な場所でもあった。年一度の大掃除には総勢200人が参加するため、人力や費用の面で大きな負担となっていた（❹）。

　そこで地域住民は、ウタキを健康や運動のために活用することを決定し、自治会の主導の下に小公園のような場所へと変貌させた。自然のままの生態系は失われたが、人間側の利用面における変化は、都市におけるウタキのあり方の将来像の一つであるといえる。

　このように、戦争や都市化でウタキの木々が伐採されて、その空間や雰囲気もまったく変わってしまったところもある。その過程をみると、地域社会は「自然と文

10　『国場誌』、pp.333-334。

「化」の関わりを絶えず「相互生成」しており[11]、ウタキと人間社会の関わりは新たに生み出された側面もあると考えられる。

名護の久志

名護市にある久志のウタキは、古島・当原の背面のこんもりした小高い丘に位置する。かつては、女性だけが入ることが許されたという。辺野古では「ウガンジュ」と呼ぶウタキである。旧暦1月18日、4月18日に辺野古、久志の双方の神女と主婦が集まり、ウガミエー（御拝祝）行事を行う。中央にノロ、右手（西）に久志の根神と神女、左手（東）に辺野古の根神と神女が向かい合うように座って拝んだ後、歌や三線に合わせて踊りを興じる[12]。

久志ウタキの植生は、リュウキュウマツが優占である。これらは、久志の祭祀「6月ウマチ」で歌う「トノバシノオモイ」の神歌[13]のように植えられたと考えられる。

てにのおみゃの	天の御庭の
とさのこ　あわのこ	（未詳）
うちほらば　うちまかば	うち放れば　うち播けば
まうまうと　しげしげと	毛々と　繁々と
わかまとう　そでまとう	若松　すでい（若々しい）松を
うゑなめ　たてなめ	植え並べ　立て並べ
かたよだや　にしにとちゃち	片枝は西につき出し
かたよだや　ひじゃにとちゃち	片枝は東につき出し
にしひぢゃの　まをにし	西東の（未詳）
のろよやわえ　のしょやわえ	ノロ神が寄り合い

東西に枝を伸ばし、天と地を結ぶ宇宙樹のように生育しようとする瑞々しいリュウキュウマツの植樹をことほぐ歌である。

---

[11] ベルクは、「風土は固有の次元があり、客観対象の次元でも、主体の次元でもない、時の経過とともに風土を産み出し、風土を絶えず秩序、再秩序化するさまざまな営みの次元を、風土は通態性（行程）として捉える。その風土は諸項間の『相互生成』として、またあるものから他のものへの『可逆的往来』として考察しなければならない」という（篠田勝英訳『風土の日本—自然と文化の通態』、筑摩書房、1992年、p.185）。この点は本章でみられる、固定的な風土としてのウタキではなく、通態性（行程）の中で、さまざまな項目における「相互生成」、そして「再秩序化」しようとするウタキと地域社会の関わりに通じるものと考える。

名護市　沖縄島の北部西岸、本部半島の付け根に位置する。沖縄島の北部地域の中心都市。農業は、サトウキビやパイナップルの栽培、養豚・養鶏が盛んである。

[12] 名護市史編さん委員会編『名護市史　本編9民俗Ⅰ』、名護市、2001年、p.219。

[13] 名護市史編さん室編『やんばるの祭りと神歌』名護市教育委員会、2003年、p.187。

しかし、このように歌われたリュウキュウマツ林の姿は消えつつある。近年、猛威をふるう松喰い虫の被害で、久志拝所の周囲の老木・巨木のマツは多くが切られた。そして、鬱蒼とした森の姿も変わりつつある。地元では懸命に駆除作業が行っているが、今後の大きな課題となっている。現在、沖縄の県木、県花でもあるリュウキュウマツとデイゴは、松喰い虫とヒメコバチが原因で危機的状況になっている（後述）。措置を行うには多大な労力と費用を要するため、対策は進んでいるとはいえない。

琉球の風土の象徴であるウタキの景観変化は、自然とともに生きてきた人々の心にも影響する、と嘆く地元の人もいる。また、保存樹の条例も指定もない沖縄で、地域の歴史とともに生きてきた森の老樹をどうやって守っていくか、これらは今後の課題である。

3 アシビ―女性を中心とする祭

祭には大きく分けて、「祭儀」と「祝祭」という対照的な儀礼行為がある。「祭儀」は「俗から聖へのコミュニケーション」といわれる[14]。すなわち、カミへの祈りの行為が「祭儀」であるといえよう。沖縄ではウタキを「ウガム（拝む）所」の意味で「ウガンジョ（拝所）」ともいう。つまり、ウガンジョは祈りという行為が中心であることを表す言葉であろう。

「祭儀」には、直接ウタキに行ってウガム場合と、村の移動など何らかの理由によって直接行かずに空間を越えてお祈りする場合（「お通しする」）の二通りがある。近年は、開発や道路工事などでなくなったウタキの場所を記憶して拝む「お通し」も多い。

調査地をみると、村の発祥地や井戸の巡回などの「ウ

[14] 薗田稔『祭りの現象学』、弘文堂、1990年、p.61。

ガミ」がある。このように環境を一巡する巡拝祭祀は韓国や台湾では少なく、「琉球型祭場巡回」とも評され[15]、沖縄独自のものといえよう。このように祈り中心の「祭儀型」の他に、綱引（綱曳）やアシビという「祝祭型」のまつりがある[16]。

　ここでは、女性を中心とする祝祭―アシビを取り上げて、村落共同体とウタキの隠れた象徴を取り上げたい。アシビは「遊び（アソビ）」とも言い、一見芸能中心の祭とも言われるが、本来は、神遊びと考えられる。

　アシビが行われる３月３日という時期に注目してみると、その起源は中国にさかのぼり、「３月３日はもともと川べりで悪霊を退散させるために祓禊を行う、宗教的祭儀の日」[17]という。一方、朝鮮王朝時代にも類似の慣例が『朝鮮王朝実録』にあり、『東国歳時記』には「三月三日至四月八日、女人卒巫祈子於牛潭上東西龍王堂及三神堂」[18]と女性たちが子を授かるための「堂山」と考えられる「龍王堂及三神堂」で祈る記録がある。

　このように、３月３日の女性を中心に行われる儀礼は、日本と韓国で共通する。川辺などで生命力あふれる春の大地や宇宙の力を得るため禊を行う儀式が、琉球の「浜降り（浜下り）」やアシビと結びついたのではないだろうか。

　国場のアシビは、女性たちが町を巡回する。３月３日、自治会の会館に集まると、まず、お供え「シンムイ」の準備が始まる。シンムイは、赤い色をつけた豆腐と豚肉、三つのダイコンにツゲの枝を挿したもので、神の力をいただく象徴とも言えよう（❺）。

　祭ではまず、自治会の会館の中の神様に祈願の祈りを行う。そして、「道ジュネー（揃え）」という行列が出発する。シンムイを頭に乗せた神人を先頭に「金武節」、「スーリー東」、「立雲節」、「東西東西」などの歌を歌いながら、根屋を目指す。根屋に着くと、神人の祈りと祈願が行われ、シンムイを頭に乗せた神人の軽快な踊りで

[15] 伊從、前掲書、pp.24-25。

> アシビ　「遊び」の沖縄語。一般には歌、三線、踊りなどを楽しむことをいうが、祭祀芸能をアシビと称することもある。

[16] アシビ（遊び）は、『琉球国由来記』巻一（p.33）に「三月三日、婦女取㆑之……三月三日節句者、寒気去、温気来故、萌気病。桃花浮二干美酒飲、則病患不発……悪鬼不入内云云。」、同巻一八（p.451）の「三月三日」には「毎年三月三日、酒・肴・食相調、男女海辺ニ下リ、祭ㇾ遊申也。由来不伝。」といった記録が見られる。また、「三月三日、家々で艾糕を互いに贈りあう。官民あげて海岸へゆき、みそぎをして弁当を食べる」（原田禹雄『徐葆光の中山伝信録』新訳注版、1999年、p.466）というように、現在もアシビは、海の近い所で「浜遊び」と称され、３月３日に子供を初めて海で遊ばせる。冬の寒気・邪気を祓い、春の生命溢れる新しい気をいただく儀式で、琉球独特のものである。

[17] 「遊び」の由来は古く、中国の王羲之（303年〜361年）にさかのぼる。王羲之が、永和９年（353年）蘭亭（現在の浙江省紹興の近郊）で、当時の上流階級の慣例の流觴曲水の宴を開いて詩を作って遊んだ際、詩集の序文として書いた『蘭亭序』に「稽山陰之蘭亭脩禊事也……仰觀宇宙之大俯察品類之盛所以遊目騁懷足以極視聽之娛信可樂也」（会稽山陰の蘭亭に会す。禊事を脩むなり。仰いでは宇宙の大を観、俯しては品類の盛んなるを察す。…信に楽しむべきなり」）（『王羲之蘭亭序』伊藤滋編著、芸術新聞社、2008年）と禊の儀礼であることがわかる。

　ベルクは「３月３日は悪霊を退散させるために祓禊を行う、宗教的祭

A シンムイ。赤い色をつけた豆腐と豚肉、3つのダイコンを並べ、ダイコンにはツゲの枝がさしてある。
B 国場のアシビのようすを描いた「三月遊び想定図」(渡慶次吉男作、国場自治会館内)。行列の中ほどに「シンムイ」を頭にのせた神人がいる。
C 行列が根屋に到着し、祭壇にシンムイを供えると、前ノウたきの祈りの後、歌や踊りが披露される。

❺ アシビ祭り

儀が日本では、少女の祭りである雛祭りに受け継がれている」という(オギュスタン・ベルク『風景という知 近代のパラダイムを超えて』、木岡伸夫訳、pp.52-54)。

18 『朝鮮大歳時記』(韓国)国立民俗博物館、2007年、p.215。

神人(カミンチュ) 沖縄本島を中心に村落祭祀を担当する神役の総称。儀礼上の地位は、女性神人の方が男性神人よりも高く、最高位は祝女(ノロ)と称する。

始まり、つづいて一般女性たちの踊りや歌が賑やかに披露される。

つぎに「道ジュネー(揃え)」は前ヌ御嶽に巡礼して、再び拝みと芸能が披露される。巡礼の最後は平成18年(2006)からゲートボール場が完成して新しく加わった上ヌ毛である。設備が整った会館がウタキの中に建てられたのは直会を行いやすい利点を考慮したためである。

全体を見ると、自治会会館のミルクの神様(拝み)⇒根屋(拝みと芸能披露)⇒前ヌ御嶽(拝みと芸能披露)⇒上

65

ヌ毛となっている。このように、アシビにおけるウタキ巡回は、根屋から出発してウタキに向かう壮大な儀礼であり、普段は意識しないウタキに守られた「村の秩序」を浮かび上がらせる。神の力を神人のシンムイを通して授かり、カミとヒトが饗宴を催すのである。

アシビは祈りと芸能、巡回など、祭の全行程において女性が主役になることから、琉球本来の女性を中心とする祭祀と深い関わりがあると考えられる。行列には幅広い年齢層の女性が参加する。老女たちの太鼓打ちは、彼女らが社会や家々の秩序の基盤なっていることを改めて表す儀礼ともいえよう。かつては、アシビが近づくと、前ヌ御嶽で夜間を利用して稽古をしたという。「今日は、アシビやから、家事はなしで楽しむ」とうれしげに話す女性たちにとっては、息抜きの日でもあるに違いない。地元の人たちは、男性中心の日常において、女性に配慮した祭でもあると語るが、実際には沖縄文化本来の女性祭祀が新たに復活した形態であるともいえよう。祭の全行程で女性が主役になるのは韓国や台湾はほとんど見られない。

つまり、地域社会の日常の中に隠された隔離状況を融解し、非日常的融合の始原に立ち帰る儀礼ともいえよう。「祝祭」について薗田はターナーのコミュニタス (communitas) を引いて「反構造的融即状態」というが[19]、「三月遊び」もこれにあてはめることができる。また、祭の呼称からも連想されるように「遊び」、すなわち「神遊び」の面もあると考えられる。ふだんの練習を重ねた伝統舞踊やさまざまな演技などは、人間もカミも楽しむ、いわば「聖なる遊び」であるともいえるだろう。

19 薗田、前掲書、p.62。

八重山諸島のウタキ

八重山諸島*のウタキ[20]は、豊かな植生を保ち、鬱蒼とした森の形態を成す。ウタキの位置の多くは集落の近く、海沿いであるが、山にある場合もある。ウタキの空間形態は決まった形式があり、こんもりした森の場合は長い参道が設けられ、イビは禁域ではっきり区切られている。特徴は、祠も拝殿もなく、森の中に石の祭壇のみの沖縄本島のような、空間形式はあまり見られない点である。

調査地域のウタキには祠や拝殿があり、鳥居がある。明治の石垣島の古図（1887年）を見ると鳥居がはっきりと描かれているが（❻、❼）、いつごろ設けられたものであるかは今後の課題である。長い参道には白い砂や珊瑚の殻が敷かれていて、清らかな空間になっている。

植生は、象徴的な巨木はあるが、韓国や台湾のように単木を祀る形ではなく、森全体が神聖視されている[21]。八重山のウタキは、集落の成り立ちや地域社会の伝統文化と深く関わる。ここでは、八重山のウタキについて現地調査（15ヶ所：石垣島10ヶ所、竹富島*5ヶ所）に基づいて取り上げる。まず、ウタキの由来を、文献（『琉球国由来記』、『八重山嶋由来記』）を中心に取り上げて、集落の成り立ちとウタキの関わりを探る。そして、ウタキがどのように守られて木々が保全されたかを探る。また、ウタキの下で行われる祭（豊年祭）を通して、ウタキと地域社会の関わりを明らかにしたい。

つづいて、ウタキの生育状況と保全を取り上げて、地域社会がウタキの樹木保全にいかに関わっているかを考察する。八重山のウタキは本島のような戦争の被害はないものの、都市化や台風・害虫などの自然災害を受けている点は共通している。

八重山諸島 石垣島、西表島とその周辺の島、与那国島、尖閣諸島からなる。行政的には、石垣市と竹富町、与那国町。

[20] 八重山では、御嶽（ウタキ）を「オン」と呼称するが、本章ではウタキと統一して呼称する。

[21] ウタキは、地域の人々が神に祈りや祭祀を行う神聖な場所である。入る際は必ず許可を求め、細心の注意を払うべきである。下の写真は、群星御嶽（石垣市川平）にみられる看板。

石垣島 八重山諸島の主島で、尖閣諸島も含めて行政上の石垣市。パイナップルなどの栽培と観光業が主産業。珊瑚礁に囲まれ、多くの天然記念物も有する。

竹富島 石垣島と西表島の間に位置する。行政的には、西表島も含めて八重山郡竹富町。石灰岩でおおわれた低平な島で、珊瑚礁に囲まれている。

❻ 1887年に描かれた登野城村の地図

1771年の大津波の後、美崎・天川・糸数御嶽の林は流されたが、その後新しく木々を植えたという記録がある。

❻、❼ともに出典：『八重山諸島村落絵図1』（沖縄県立図書館所蔵）
　この地図は、旧蔵者・塙忠雄氏（温故学会創設者）が八重山島役所に勤務し、製糖業などの事業に尽力していた明治23年（1890）頃に作成されたとみられ、地図には拝所などとともに明治20年以降に設けられたサトウキビ工場が描かれている。

天川御嶽
糸数御嶽
美崎御嶽

❼ 1887年に描かれた石垣村の地図

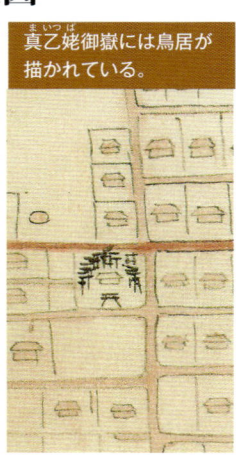

真乙姥御嶽には鳥居が描かれている。

長崎
真乙姥

1 石垣島と竹富島のウタキの由来

ウタキには、それぞれ独自の由来伝承がある。本章では、『琉球国由来記』『八重山嶋由来記』と現地調査に基づいて述べよう。ウタキの由来内容は詳細に書かれている場所もあるが、名前だけが書かれているものも目立つ。ここでは、詳細に書かれたウタキの中で、現地調査を行ったウタキを中心に取り上げてみたい。

まず、ウタキの由来については、以下の六つに分類できる。

一つは、ウタキと首里王府とに政治的な関連がある事例である。石垣島のウタキの位置は、美崎・天川・糸数・長崎・宮鳥は海沿いである。『琉球国由来記』『八重山嶋由来記』の冒頭に記述するように、これらは1500年代に八重山を大きく揺るがせた、首里王府に年貢上納を拒んだオヤケ赤蜂[22]と関わりが深い。

美崎御嶽の由来に、赤蜂を討伐しようと尚真王の命令で来た兵船が那覇港への無事帰還を祈願した真乙姥の記述がある[23]。それは『琉球国由来記』の「御イベ名浦掛ノ神ガナシ」という神名にも現れる。真乙姥の活躍は、八重山初の王府公認の神職・八重山大阿母職（ホールザー）（高位の神女職）の設置、「公儀御嶽」の始まりにさかのぼる。真乙姥については、「真乙姥ユンタ*」にも首里王府への貢納の関わりが現れる。

　真乙姥は　三沖縄路は　しらびようり　美御前路ば　あきとうし　五按司添ゆ　拝みな、一三我島世は　来夏世は賞きらし　一四八重山三ゆうな　荷積んちいけ　上しゃぎら（完納いたします）

---

[22]「八重山島開闢…年中月次、神遊アリ…毎年貢物献上…大浜村ニヲヤケ赤蜂・ホンカワラトテ二人居ケルガ、極レ驕、有二叛逆之心、貢物到中絶ケル…コイチ姥ハ為赤蜂ノ妻故、被レ誅。…真乙姥思ヤウ…我身之始終有如何ト、弥発願シテ、諸船為海上安全美崎山ニ参籠シ、日夜不レ厭風雨、断食シテ居ケルニ…念願相叶フ。蒙上国之命。…真乙姥大阿母役タマワリケル。……是大阿母立始也。」（『琉球国由来記』pp.487-488引用、『八重山嶋由来記』（南島第1輯、三栄社、1976年、p.1）

[23] 昔、悪鬼納ヲ奉拝主君、毎年貢船上国仕ル処、後ニ大浜村ヲヤケアカハチ・ホンカワラニ人、御康元ヘノ貢船ヲ留メ、御征伐アラバ可相戦ト……。悪鬼納ガナショリ討手ノ兵船五十艘御下リノ時……。石垣村ニ攻寄セ、アカハチ并随兵打破リケル。時、真乙姥、兵船ニ乗来リ、御タカベ仕ル……。日同時無恙那覇ヘ可守着……。真乙賭想様、軍衆ノ船、奏崎涛ト云所ニ碇会ニテ招脂リ祈願ノケレ身ノ為メ俯何アルベ…。美崎山ト云所断食ニテ相龍リ祈願シケルニヤ叶申故、御嶽ヲ崇敬仕リ、船出入之時、右御嶽御拝仕ル先例育来ル也。『琉球国由来記』p.489、『八重山嶋由来記』(pp.3-4)。このように赤蜂を「悪鬼」として記述しているが、今は、石垣島の人々が誇りをもって石碑を建てている点は興味深い。

ユンタ 八重山諸島の伝承歌謡の一つ。共同の労働・作業の時、拍子に合わせて合唱した歌で、三線の伴奏をともなわない。歌詞は、対語・対句を重ねて事件・事柄を叙事的に語る。

❽ オヤケ赤蜂の碑

真乙姥ウタキと美崎ウタキの成り立ちと深い関わりのあるオヤケ赤蜂と妻古乙姥の碑。古乙姥の遺骨は、戦前まで真乙姥ウタキの境内に衆人に踏まれるようにあったと伝える。

　首里に協力して神として崇められることになる姉（真乙姥）と、逆賊と言われた赤蜂の妻であった妹・古乙姥（クイツバ）の話も興味深い。

　2人はともに、オヤケ赤蜂と敵対した石垣村の豪族、長田大主（ナータフーズ）の妹で、いわゆる政略結婚で古乙姥は赤蜂のもとに嫁いだ。1500年に起こったオケヤ赤蜂の乱の原因については、先に述べた首里王府への貢納を拒んだためとする説の他、八重山の祭祀を首里王府に邪教として禁じられたためとする説など複数あり、定かではない。この戦いで、古乙姥は赤蜂を助け、ともに王府軍に殺されてしまった。

　妹古乙姥の遺骨は戦前まで真乙姥御嶽の境内に、衆人に踏まれるように埋められており、「チィダナミ墓（かたつむり墓）」と呼ばれた。カミとして崇められる真乙姥墓と対照的である。戦後、古乙姥の遺骨は、大浜（おおはま）の崎原公園のオヤケ赤蜂の石碑の所に移された（❽）。真乙姥御嶽は由来記に記載はないが、今日、石垣島最大の祭、豊年祭の中心になっており、美崎御嶽とともに首里王府とつながりを持つウタキといえよう。

　二つ目に、人間社会の融和と集落発生のつながりを説いた記述がある。『琉球国由来記』の由来[24]は、宮良（みやら）・白保（しらほ）村の始まりとウタキの関わりを述べている。

[24] 「其時ヨリ彼六御神ヲ六嶽ニ勧請シテ今拒崇メ来也。宮良・白保二ヶ村モ大瀬モ其時始タルト、申伝ケリ。昔、兄弟は耕地の垣を作り励む際、六神が兄弟の所行をほめ、宮良、白保の六つの御巌と村の始まり」との記述がある（『琉球国由来記』、pp.492-493）。

また、「神は人間の父母で、人は神の子で皆兄弟であるのに、戦争をして命を失うことは鳥獣を殺すがごとくである。宮屋鳥山近…諸人を愛して…作物を作り…年々実り、人々が集まり村となり、今の石垣と登野城の二つの村になった」[25]と、宮屋鳥（宮鳥）ウタキの由来が記されている。混乱の世から社会の秩序や安定を求めて集落が形成されていったとする記述である。

三つ目は、文明の伝来と農耕に関連したウタキである。崎原オンは『琉球国由来記』『八重山嶋由来記』に八重山で唯一、鉄器伝来の伝説をもつウタキである。また、口伝に見られる農耕関連のウタキは新川集落の長崎、天川（あらかわ）家口伝の豊作関連のウタキがある。

四つ目に、航海安全祈願と関わるウタキがある。『八重山島諸記帳』（1727年）によると、首里王府時代に貢納船の航海安全を祈願した7嶽「美崎、宮鳥、長崎、天川、糸数、名蔵、崎枝」の伝承がある。沖縄本島などとの交流により、八重山では多くのウタキが航海安全を祈願するようになった。これは一つ目に述べた真乙姥の事跡とも関わる。美崎ウタキの大阿母（八重山の最高神女）はオオヤケ赤蜂と関わり、琉球王府から八重山に派遣された王府軍の航海祈願の始まりと伝える[26]。これらのウタキは、地理的にも海岸に沿って分布しており、航海安全祈願との関わりをうかがわせる。

五つ目に、移住者によって新しく祀られたウタキである。小浜（おはま）御嶽は明和の大津波*（1771年）の後に石垣島に移住した小浜出身者が、かつて小浜で信仰していた照後御嶽（ティダクシィ）の神の分神を勧請して、小浜島を遠望できる村の西高台地に建てたと伝える[27]。

また、名蔵（なぐら）御嶽は近年、台湾移住者によって祭祀が行われている。名蔵御嶽は、もともと名蔵集落の人々が祈願するところであったが、次第に祀る人が少なくなり、放置されたまま、1916年に廃村となった[28]。そして、1935

---

[25] 「昔、当島ニハ村無ㇾ定…。強カニ任セ人ノ財産ヲ奪取、或打殺シ…。其頃兄弟三人住居ス。其名、一人ハマタネマシズ、一人ハナアタハッ、一人ハ平川カフラ云…。マタネマシズ妹ニ御乗移リ……神ソラト申ハ人間ノ父母、人ト申ハ神ノ子也。神ノ子ナレバ諸人皆兄弟也。同兄弟トシテ、一向争戦ノハテナク、人ノ命ヲ失フ事、如殺鳥獣。汝能慈悲ヲ以諸人ヲ愛シ、正直正路ヲ以神ヲ敬フベシ…。マタネマシズ、神慮ヲ拝ミ宮屋鳥山近キ石垣ㇼ在所ヲ立、弥慈悲心ヲ以兄弟妹ヲ始メ諸人ヲ愛ケル。兄弟作物、年々ミノリ満作セリ。神ヲ敬フ、其験アリ。諸人是ヲ見テ次第次第ニ集テ、村ト成リ、弥神ヲ敬フ也。今ノ石垣・登野城二个村是也。」とある。
　現在にも通用しそうな、弱い者をいじめないで、お互い愛しむべきというのは、興味深い。『琉球国由来記』（p.488）、『八重山嶋由来記』（pp.2-3）に類似の記述がある。

[26] 石垣市史編集委員会編『石垣市史』民俗下、石垣市、2007年、p.98。

明和の大津波　明和8年（1771）、八重山諸島と宮古諸島で計1万2000人の死者が出た大津波。波は標高30m弱に達し、津波石を多数打ち上げた。別名、八重山地震津波。

[27] 石垣島の宮良村は大津波で人口の85%にあたる1050人を失い、小浜島から320人を移住させた。

[28] 廃村について牧野（p.115）は記述しているが、『八重山諸島』節歌（ふし歌）（p.787）に「名蔵という村はクワズ芋の生えた高原であった。クワズ芋の生えるには村建てはできぬ急ぎ元村に戻ろう」というような歌があるのは、このことを物語っているのだろう。

年頃から望郷の念を抱いて台湾移住者たちが祀るようになった。暴風で倒れた拝殿を再建して、1941年から旧暦8月15日に、豚祭り（土地公）[29]を行っている。これは台湾で大樹公の祭が行われる旧暦の8月15日に行われており興味深い。

六つ目として、竹富島の由来を述べたものがある。竹富島について、『琉球国由来記』『八重山嶋由来記』は、屋久島や久米島、徳島などの島々から6人の酋長が渡来したと記す[30]。

彼ら島々から渡来した6人の酋長は、心を合わせて、諸人を愛し、島や作物のために励み、神々を拝み祀るようになった。また、口伝の竹富島のウタキの由来[31]には、樹木をつかさどる神様「久間原」、海をつかさどる「花城」、五風十雨（ごふうじゅうう）の豊作を祈願した雨をつかさどる「波れ若」という神々が登場する。人間社会の葛藤などが表現された石垣島の由来とは異なる、自然と関わる神話的な内容が興味深い。

以上、石垣島や竹富島のウタキのさまざまな由来から、ウタキには集落の成立や首里王府との政治的つながりまでも含む人間社会の複雑さとも深く関わってきたことがわかる。

2 ウタキの植物と地域誌

植え続けてきた木々

石垣島と竹富島の御嶽の植生は、テリハボク*、フクギ*、アカギ、ガジュマル、アコウ*、デイゴなどが多い。沖縄本島と異なる植生は、テリハボクやフクギが多く見られることである。テリハボクは、八重山地域では「ヤラブ」という。尚敬王（しょうけいおう）の冊封副使（さっぽうふくし）として康熙58年（1719）

29　牧野清『八重山のお嶽』、あ〜まん企画、1990年。

30　「34．波座間御嶽・神名豊見ヲレ山御イベ名ハタト大アルジ屋久島ヨリ御渡根原カミトノ、ヲガミ初ル、35．仲筋御嶽・神名宮鳥ヤ神山御イベ名イヘスシヤ　ヲキナフ　ガナショリ御渡。…36．幸城御嶽・神名国ノ根ノ神山　同村　御イベ名　モチヤイ大アルジ久米島ヨリ御渡。…37．久間原御嶽・神名東久間真神山　同村　御イベ名　友利大アルジ　ヲキナフガナシヨリ御渡。…38．花城御嶽　神名豊見ハナサウ同村　御イベ名イヘスシヤカワスシヤヲキナフガザシヨリ御渡。…39．波レ若御嶽神名　新カシノ神山同村御イベ名　袖タレ大アルジ　徳島ヨリ御渡。塩川トノ、オガミ初ル　右六御嶽。酋長トシテ六人心ヲ合セ、諸人ヲ愛シ居ケルガ、島ノタメ、作物ノタメ…国島島ヨリ御渡ノ託宣ニ「右六御嶽…酋長トシテ六人心ヲ合セ、諸人ヲ愛シ居ケルガ、島ノタメ、作物ノタメ…国島ヨリ御渡ノ託宣ニ…」（『琉球国由来記』、p.494）。

31　6人の酋長が協議した際、久間原は樹木をつかさどることを申し、「山」の神様として祀られる。花城オンは「海」をつかさどる神様で、他金殿は、島の北端に新里村を開き、花城井戸を掘り、生活の拠点にしたという。波れ若は、昔徳之島より渡来した塩川殿は、海の一角をもらい五風十雨の豊作を祈願した「雨」の神である。（大堀英二『御嶽の伝承と信仰』、国学院大学平成16年COE奨励研究員）

テリハボク　オトギリソウ科の常緑高木。小笠原・沖縄諸島などの海岸に生え、樹高約20mになる。葉は長楕円形で光沢がある。白い花を咲かせる。
[フクギ以降の解説は次ページ]

に来琉した徐葆光は『中山伝信録』[32]でテリハボクのことを「呀喇菩（やらぼ）という。葉は福木に似ており白い梅のような花のように咲く。君子樹と呼ばれる」と記述している。また、「やらぶ木を屋敷内に植え、油・ろうや髪油を製造すれば、島中が便利になるので、今後は手広く植付け」るべきだとする1858年の記録[33]から、実用のために植えられたと考えられる。東南アジアではテリハボクは神聖な木として知られるが[34]、ここ石垣島でも気候や土地に最も適した、常緑樹の巨大な木々に神聖なるものを見出したのかもしれない。

ウタキの木々は植え続けられた。1771年の明和大津波以後の美崎・天川・糸数御嶽に関する記録には次のように記されている（❻）。

明和大津波（1771年）美崎・天川・糸数御嶽は引き流され、美崎・天川の両御搬は、宮鳥御嶽に香炉を分けて立て、航海安全など祈願したが、1774年に、元の村の敷地に両御嶽とも遷された。ただし諸木の植え付けは、四カ村の士族の青年たちに仰せ付けられた[35]。

この記述からすると、ウタキに人工林と思われるフクギ、テリハボク、アカギなどが優占的であるのは、この時期以来植え続けられたことに関連があるのかも知れない。また、石垣島や竹富島のウタキで見られるデイゴの植樹は古くから行われていた。

以前は在番はおらず、八重山の頭職三人が諸事を申し付けられ、時どき御使者が派遣されていた。（中略）翌五壬申（1632）年の春に八重山に下島され、同年の夏に帰国なされた。附役の豊見城 儀保親雲上は在番として残られ、在番が初めて詰めた時、石垣の中道筋は広く造り直され、左右にテイク木（デイゴの木）が植付

---

[32] 原田禹雄訳注『中山伝信録』、榕樹書林、1999年。

[33] 石垣市総務部市史編集室編『石垣市叢書7 翁長親方八重山島規模帳』、1999年、p.72。

[34] テリハボクはポリネシア地域でも神聖な場所に植えられる。海岸防風林に適す（上原敬三『樹木大図説』、有明書房、1975年、pp.3-105）。

[35] 1771年乾隆36「登野城村の古地図を歩く」（石垣市総務部市史編集室編『石垣市史叢書13 八重山島年来記』、1999年、p.65）。

フクギ オトギリソウ科の常緑高木。葉は楕円形で光沢があり、白い花を咲かせる。見た目がテリハボクによく似ている。沖縄では、防風林として植栽される。

アコウ クワ科の半常緑高木。本州南西部の暖地に自生。幹の周囲に気根を出す。葉は大きな長楕円形、春にイチジクに似た花をつける。

尚敬王（1700〜1752）琉球第２尚氏王朝第13代国王。蔡温を三司官にして多くの改革を行った。教育、文化振興にも力を入れ、近世の名君とされる。

られた[36]。

デイゴに関するもう一つの記録は、先にテリハボクについての部分で出てきた徐葆光の『中山伝信録』で、「葉は大きく、柿に似て、花弁はもくれんに似て炎を吐く。高麗種で、太平山（宮古島）から出る」と記録されている。このことをみても、八重山で古くから親しまれた花であることがわかる。ウタキの樹木は植えなおして守られ、そして人間の出入りが禁じられた聖域—イビの空間は、鬱蒼とした森が広がる信仰の場として守られてきた文化的自然である。

風水と植樹

八重山のウタキは各島の古地図にも描かれている。❻で見たように、かつて石垣島の集落の周辺には木々が茂っていた。すでに見たように風水の伝来以前から八重山には植林がかなりなされたと考えられる。

風水が伝来してからさらに集落における風水や防災の観点による植林が行われていった。風水と関わる植樹についての記録は、尚敬王の時代（1713〜51）、三司官（琉球王国の宰相）蔡温によって伝授された『杣山法式帳』や風水師・鄭良佐の『北木山風水記』が知られている。これらは風水の「抱護の情」にそった図に照らして、木々を植えて、伐採を厳しく禁じた文献である。その他の風水と関連する植林についてふれた文献記録としては、1858年、首里王府から八重山に布達された『翁長親方八重山島規模帳』があり、次の興味深い記述がある。

仮屋々寺敷番所々其外抱護浜抱護屋敷囲樹木仕立方ニ付而……今形而ハ風水之故障ハ勿論……以来屹与時節見合、松其外相応之諸木植付させ、指護堅固相成候様可取計事[37]

36　「次壬申之春八重山島御下着、同年夏御帰国被成候、豊見城儀保八為在番御残、在番始テ御詰被成候、此時石垣之中道筋広被作直、左右ニていく木植付被置候。附、ていく木漸々切絶少々残置候処、雍正十二甲寅年在番金武里之子親雲上之時切捨、長田家之前弐本社残り置候」（石垣市総務部市史編集室編『石垣市叢書13　八重山島年来記』、1999年、p.21）。

蔡温　蔡温は唐名で、和名を具志頭親方文若といい、27歳で中国・福建に留学し風水術を学んだ。1710年に帰国後、風水思想で数々の国家事業に携わり、山林事業に全精力を傾注した。乱開発を阻止、琉球王国が存続するため将来を見すえて王府直轄の山野を指定、山林の保全や植栽技術の普及に努めた。『杣山法式帳』の他、『要務彙編』『山奉行規模帳』などの著書がある。

翁長親方　王府から派遣された検使。検使は八重山の実情を王府に報告し、規模帳（行政の基本指針を定めた文書）などを作成、布達された。

37　石垣市総務部市史編集室、前掲書、p.76。

番所など「抱護」の場所にマツなどのふさわしい木々を植えることは、風水はもちろん、風や雨から守ることを意味している。「蔡温の『抱護』の思想は村落や家の周囲にフクギやマツを植えて、『村抱護』と呼ぶ。『浜抱護』は『海岸沿いに植えて潮風から村を護る樹木である」[38]というが、八重山では風水に沿って植林した例が多い。

もう一つ、風水と関連して村では、強制的な罰則としてマツの木を植えさせられる「科松」という規定が、『琉球国由来記』60刑法にもあった。実際に石垣島で村の規程に違反した者がマツを植樹させられた明治後期の記録も残る。

字中維議ノ結果、今度限リ、科松五拾本植付サシ候上、宥恕スルコトニ決議相成候条、右様御承知可有之此段及御通知候也。追テ松苗ハ壱尺以上弐尺以下ニシテ、植付場所及ビ期日当字世話係就テ御承知可被致候明治四十三年一月登野城字民中○谷○長○殿／明治四十三年（1910年）三月二十日○谷○氏ノ科松、当字仲道原試験場ノ東表宮良安宣、石垣当全弐名ノ世話係立合ノ上植付セリ[39]

このように「科松」という規定を通して、松苗1〜2尺（30〜60㎝）のものを50本、村の指定した抱護林の地域内に、村の係員立会いのもとに植えさせた。石垣島では、集落の周辺に木々が茂っていたことが古地図（❼、❽）を見てもわかるが、かつて村人は、「○○松の下」「○○松の後ろ」などという言い方で目印にしたことも多かったという。「登野城」四ヶ字は戦前には美しい松林があったとされるが、これも風水や防災などのために植樹させた歴史によるものといえよう。

[38] 三浦國雄『風水・暦・陰陽師──中国文化の辺縁としての沖縄』、榕樹書林、2005年、pp.24-26。

[39] 牧野清『登野城村の歴史と民俗』、1975年、p.268。『石垣市史』民俗上巻、pp.39-41。

3 石垣島の豊年祭

石垣四ヶ字豊年祭

　ウタキはすでに見てきたように、信仰に基づく保全によって豊かな植生が保たれてきた。ウタキでは、毎年旧暦6月の壬・癸の未・午の吉日に豊年祭を行う（**9**）。4ヶ村（登野城、大川、石垣、新川）では一斉にウタキの木々の下で行う。豊年祭の由来は定かではない。

　豊作を祈る祭祀は古いと考えられるが、現在のような四つの集落が合同で行う由来について、牧野は「大津波（1771年）の数年後、沈滞した農民の志気を鼓舞し、稲作生産の飛躍的な増大をはかると思われる[40]」というが、集落の分立とも関わると考えられる。

　かつて石垣島は、石垣と登野城の二つの集落であったが、1783年に石垣村から新川、登野城から大川が分立し、4ヶ村となった[41]。すでに見たように、1774年に、流された拝殿のウタキの木々を植えた後、分立した集落が集まり、周囲の島々からの集落の移動や島の再起を励む中、4ヶ村になった石垣島は新しい祭り「豊年祭」を通して、島を一つに融合することを試みたのではないだろうか。

　四つの集落が集まり一つの祭りを行うことは、小さい島で争いを避けてお互いの結束を確かめる儀式だった。『琉球国由来記』で、「諸人を愛して、協力して生きよ」とくり返し強調するのは、これと同様の理由によるものと思われる。

　では、豊年祭の内容をみよう。第1日目に各村で行うオンプーリイ、2日目は真乙姥御嶽で合同のムラプーリイがある。

　「プーリイ」は豊年祭の意であり、来年の豊作を祈る。

[40] 豊年祭の始まりは、『八重山島年来記』には見当たらないが、牧野は「1675年石垣村、登野城村二つの集落であったが、登野城村から大川村、石垣村から真乙姥のある新川は1757年分村した以後に始まった」と述べる（牧野清『八重山のお嶽』、p.35）。

[41] 『石垣島四ケ村のプーリイ』、p.33。

❾真乙姥御嶽の豊年祭

AB 豊年祭で最も賑わう綱引の縄を、真乙姥御嶽の境内の大アコウの下で準備する。

C 豊年祭の当日、ツカサは早朝からの祈りの後、地域の人々が捧げる芸能などの奉納を見守る。

D 各村の「旗頭」が集合する。

E 豊年祭の最後に多くの人々が参加して、東と西に分かれて競い合い、盛り上げる綱引。

F 真乙姥御嶽で行われる豊年祭は、四つの集落が集合してさまざまな芸能が奉納される。

ムラプーリイでは、午前、真乙姥御嶽で祈願が始まり「ミシャグパーシイ」の神歌が歌われ、稲花上げ儀式を行う。

　午後から各村とも、若い男子によって行われる、豪華な「旗頭(はたがしら)」の奉納が非常に盛り上がる（❾）。旗頭は各集落ごとにはそれぞれ異なる絵柄と飾りつけがなされ、豊作や集落の平和を祈る意味合いが込められている。重さ20kgにもなる旗頭を持ち上げるが、絶対に地面に落としてはいけないとされ、持ち手の必死な動きは男性の成人儀礼にも見える。

　そして、観衆が最も盛り上がるのは東と西に分かれて群衆が引きあう「大綱引*」である。大綱引の前には、東西から選ばれた牛若丸と弁慶という武士が板敷に乗って戦う勇壮な儀式がある。農民と武士を表現しているとも言われる。そして、最後に大綱引が始まる。雄綱（東）と雌綱（西）で綱を引き、西が勝てば豊作と言われるが、西は地形が低いので最初から西が勝つように設定されているという。

　ここでは米為御嶽(イヤナス)と天川御嶽のオンプーリイで行う「ミシャグパーシイ」⁴²を取り上げたい。午前中、まず米為御嶽⁴³でツカサ（神司）による祈りの後にミシャグパーシイが行われ、午後に天川御嶽で行われる。拝殿側の「客」と広場側の「給仕」役の長老たちが独特なリズムで手をたたきながら豊作を祈り、歌いながら神酒を交わす。この神歌の内容からウタキで行われる祭祀と地域社会の関わりを考察したい。

　歌詞を見ると、接待する側とみられる「給仕」が、米作りの共同作業・豊作の報告と来年の実りを願う神歌を歌い、神酒を「客」に注ぐ。「客」は「御神酒を、讃えはやすと世（来夏）は実る」と答えて酒を飲む（❿）。

　酒が作られるということは豊穣を意味し、それは一人

*綱引　「綱曳」の字をあてる場合もある。藁で大縄を作り、地域を東西・南北や上下に二分して、人々が綱を引き合う行事。沖縄の全島各地で行われる。豊作や健康の祈願、害虫の駆除を願い、勝敗は神意の表れとされる。

42　『登野城村古謡集第一集』の歌詞解説を参照した『石垣島四ケ村のプーリイ』(pp.37-38)から引用。

43　イヤナスウタキは兄弟による「アンアンのアレシンという国（ベトナムとも言われる）からタルフアイ兄とマルフアイ妹の兄弟による稲伝来と深い関わりがあり、イヤナスウタキは妹の墓とも言われる」『石垣島四ケ村のプーリイ』(p.35)牧野清の『八重山のお嶽』再引用。

❿ **天川御嶽で行われる　ミシャグパーシイ**

Ⓐ 左が客、右が給仕。
Ⓑ 米為ウタキの芸能奉納。

石垣島四ヶ村のプーリイ

(沖縄県石垣市教育委員会『民俗文化財地域伝承活動報告書』、2000年、pp.37-38「ミシャグパーシイ」より)

		歌　詞	訳
3	給仕	ナカザラヌ　ウミシャグ ヒーハヤシバドゥ　ユーヤナウル ナカザラユ　ハヤシバドゥ ユーヤナウル ヒーウヤケ　ユナホージャガ	中皿の御神酒 （枕囃子）はやせばこそ世はなおる（稔る） 中皿を囃せばこそ 世は稔る （囃子）
4	客	ニーウスヌ　ウミシャグ　ヒハヤシバドゥ ユーヤナウル ヒーウヤケ　ユナホージャガ	根覆い（粟）の御神酒はやせばこそ 世は稔る （囃子）
5	給仕	アマイ　ユナホージャカ	甘い　世稔る
6	給仕	ニーウスイヌ　ウフシャグ　ンマサカバサ ヨンナ	根覆い（粟）の御神酒美味しさ香ばしさ （囃子）
7	客	ウヤキヨウ　ウマサー　カバサヨーンナ ヨンナ	富貴の　美味しさ香ばしさ （囃子）
8	給仕	ウキイテタボーレー	（どうぞ）　お受けください
9	客	ウヤキヌブジャ　ウーシヤレー	富貴のブジャ（未詳）　申し上げます

での作業ではない。給仕が神歌の最初に祈りの歌を歌うのは「人間同士の協力」を意味していよう。給仕が「どうぞお受けください」といい、客は「富貴（豊年？）のブジャ（未詳）申し上げます」と応じる。

米為御嶽では、「客」は字会長や来賓で、「給仕」は祭祀係である。天川御嶽では、「客」は長老で「給仕」は同じく祭祀係である。

筆者は、「客（長老）」はムラにとっての賓客、または来訪神ではないかと考える。これを「来訪神の歓待による豊穣の獲得」[44]というムラの祭によく見られる構図と同じならば、ムラの賓客を給仕が持て成すという神歌の内容も理解できる。

一方、『朝鮮王朝実録』に収められた、1479年に台風で済州から八重山に流された金非衣（キムビイ）の記録には、次のような米や酒などに関する記述がある。

> 濁り酒があり、米を水に漬けて女性に嚙ませてお粥にして木桶に入れて作る…もっぱら稲米で、粟があっても好まず…収穫の前は謹慎して大声で話さず…盗賊はなく、道に落ちたものを拾わず、お互いに大声で争わず、子供をかわいがり、たとえ泣いても手を加えず。彼らと言葉が通じなかったが、長くその地にいて少し通じるようになった。私たちは故郷を思い出し、よく泣いたが、島人は新しい稲を抜いて昔の稲と比べて見せて、東に向けて吹いた。その意は新しい稲が熟する時期には必ず帰れるということだった[45]。

原文に、「専用稲米（中略）七八月收穫。未穫前、人皆謹慎、雖言語亦不厲聲」とあるように15世紀にすでに米を主食にしており、収穫前は人々が行いを慎むなどの豊作を祈願するとみられる行為がなされていた。そして、収穫後も豊作を祝う祭祀が古くからあったと考えられる。

44 平良徹也氏の助言による。しかし、客が来訪神であることについては、今後さらに研究を深める必要がある。

45 「酒有濁而無清,米於水,使女嚼而爲糜,釀之於木桶…專用稻米,雖有粟,不喜種…晚稻五月方畢刈。七八月收穫。未穫前,人皆謹慎,雖言語亦不厲聲…收穫後乃吹小管…其俗無盜賊,道不拾遺,不相詈罵喧鬪,撫愛孩兒,雖啼哭,不加手焉。俗無酋長,不解文字,俺等與彼言語不通。然久處其地,粗解所言。俺等思念鄉土,常常涕泣,其島人,拔新稻莖,比舊稻而示之,東向而吹之,其意,蓋謂新稻如舊稻,而熟當發還也。」成宗10年（1479）6月10日

4 生態状況と保全の課題

　ウタキの生育環境の課題は、大きく人為的問題と自然災害—病気や害虫の問題の二つに分けられる。山すその鬱蒼とした森が広がるウタキと町のウタキの生育状況は明らかに異なる。

　町の中に位置して、公園のように常に人々の往来が多い天川・長崎・宮鳥・美崎御嶽は人々の踏圧（踏みつけ）による植物への影響も憂慮される。特に、豊年祭の中心地で、さまざまな芸能が披露される真乙姥御嶽の場合、豊年祭の最大の行事「綱引」の準備をこの境内で行うが、綱を木々に結びながら準備をする（❾）。ここには巨大なアコウがあり、人々の踏圧などで今後の生態保全が憂慮される。緑が少ない町でわずかに残っている緑地—御嶽を公園化して再利用するのは時代や社会の要請であるにしても、配慮は必要だろう。御嶽の中の広場における過度な緑の減少や、畏敬の場が日常的雰囲気を帯びてしまう点は今後の課題であろう。

　ウタキの生育環境を脅かす自然災害としては、まず、台風、そして近年、沖縄全島に猛威を振るう松喰い虫＊やデイゴヒメコバチ＊があげられる（⓫）。

　松喰い虫は沖縄全島に及んでおり、森林だけではなく、ウタキまでにも多大な被害を与えている。名護市久志のウタキでは十数本の松の巨木が枯れている。

　一方で近年、デイゴヒメコバチが多数発生し、異常な事態が生じている。竹富島では、種子取祭で島全体が湧き立つ世持御嶽をはじめ、至るところのデイゴの木がヒメコバチ被害によって枯死した。デイゴは沖縄県の県花で、春に赤い花を咲かせて、八重山では「あかゆら」と民謡にも歌われるほど古くから人々に親しまれてきた花

松喰い虫　マツ類の樹皮下や材を食べる昆虫の俗称だが、主にマツノマダラカミキリをさす。この虫が運ぶマツノザイセンチュウという体長1mmにも満たない線虫が、マツの中で増殖することで病害「マツ枯れ」が起こる。日本では北海道を除く全都府県に広がっている。

デイゴヒメコバチ　ハチ目ヒメコバチ科の昆虫。2004年に新種と確認された。2mmに満たない小さなハチだが、デイゴの新葉の組織内に産卵し、虫こぶを作って成長した幼虫が飛び立つ。デイゴが枯れる原因になる。

種子取祭　竹富島で、旧暦の9月または10月の甲申の日から甲午の日までの9日間に行われる農耕儀礼。国指定重要無形民俗文化財。五穀豊穣をもたらす神への感謝の行事でしめくくられる。

である。琉歌にも「4月がなれば梯梧の花咲きゆり暗さある山も明るくなゆさ」、「春過ぎて夏にたちかへて咲きゆる梯梧の紅の花のきよらさ」などと歌われている。竹富島のデイゴは、春に島を離れていく卒業生を温かく送る「卒業式の花」といわれ、竹富島の桟橋通りにある並木も昭和37年（1962）に中学校の卒業記念として植えられたものである。

つまり、デイゴは本土（九州以北）にとってのサクラと同じように人々に親しまれる花で、今や島の生活文化シンボルとなっている。このように危機に瀕したデイゴを救おうと平成22年（2010）1月「竹富島のデイゴの木を救え！」プロジェクト実行委員会が立ち上がった。そして全国に募金を呼びかけて、樹幹注入剤や散布剤を施用した結果、多くのデイゴに緑の葉が戻り、多くの花がついた。デイゴの花が蘇った世持御嶽では、平成23年3月13日、ささやかな「デイゴ祭」が行われた。

竹富島には古くから危機になったら一致団結する意味の「うつぐみ」[46]という言葉がある。竹富島を愛して、お互い力を合わせて生きてきた「うつぐみ」の心がデイゴの救済においても発揮され、自然と人々の関わりを再確認する機会となった。

今後、デイゴの持続的保全にはさまざまな試みや課題もあるが、行政にすべてを委ねて支援を待つのではなく、地域社会みずからが積極的に取り組む必要がある[47]。デイゴをめぐる竹富島の活動は、今後、他の地域社会の樹木の生態保全においても参考にすべき事例になるだろう。

なお、生態的に森を元気にさせる方法としては、「化学農薬使用の抑制」、「種の多様性を高める」、「人為的要素を最小限に抑える」、「適切な管理を行う」の四つが重要とされる[48]。近年、本土ではナラ枯れが猛威を振るい、多くの老木に深刻な被害を与えている。韓国でも同様の被害が現れている。特定の条件下で急激に増える虫をど

[46] 亀井保信氏の助言による。竹富島の偉人・西塘の遺訓といわれる「かしくさや　うつぐみどぅまさる（みんなで協力することこそ優れて賢いことだ）」に由来するとされる。島では、「うつぐみ」＝一致協力の心こそ竹富島の基本精神であると考えられている。

[47] 松喰い虫やデイゴヒメコバチの被害で消えゆく木々に対する社会の関心を集めて、保全につなぐために2010年3月12日、13日沖縄（南城市、石垣島）で国際シンポジウムが開催されて大きな反響を呼んだ。

[48] 『消えゆく沖縄のリュウキュウマツとデイゴを救え』2010年3月12日国際シンポジウム資料、p.12（姜基縞による意見である）。

⑪ デイゴの復活

松喰い虫やデイゴヒメコバチで消えゆく木々に社会の関心を集め、保全につなぐため、2010年3月12～13日に南城市と石垣島で国際シンポジウムが開催され、大きな反響を呼んだ。

A 竹富島の桟橋通りのデイゴ。ヒメコバチの被害で花を咲かせていない（2010年3月）。
B 再び花を咲かせた竹富島のデイゴ（2011年3月、写真提供：亀井保信氏）。
C 開催された国際シンポジウムのポスター。

うやって退治するのか、あるいはうまく共存していくのかは大きな課題である。

まとめ 5

　沖縄本島と八重山のウタキは、それぞれ地域の多様な植生とともに琉球という豊かな環境世界を表す聖なる森である。ウタキはカミと自然、そして地域社会の歴史や文化の象徴であり、さまざまな困難や危機の際、ウタキ

林と共に生きてきた人々の多様な営みがあったことを由来や伝承が示している。

　すでに見てきたように、ウタキ林は祈りを捧げる場所の原点であり、長い歳月をかけて畏怖と親しみの念をもって形成されてきた場所でもある。そして、祭になると島全体が湧き上がり、さまざまな芸能文化が伝承される場所でもあることがわかった。このようなウタキ林は、戦争や都市化などで森から単木へと規模や植種が変化した。特に高木の消失は深刻である。そして、近年は、多くの害虫などに脅かされている現状もある。

　現在、沖縄では保護樹に関する条例は制定されておらず、文化的価値の高い樹木を指定する名木要綱によって選ばれた「おきなわの名木百選」があるだけで、管理措置などに積極的であるとはいえない。積極的措置を可能にする保護樹条例の必要性はいうまでもないが、暫定的にはすでに施行されている名木要綱を生かして、ウタキを保全する必要があるだろう。ウタキの保全は、街路樹整備や植林という緑化計画レベルではおさまらない側面をもっている。ウタキの持続のためには、地域社会の再認識はもちろん、条例などを通じた行政と地域社会による「相互保全」が必要となってくるだろう。

伊是名島
屋那覇島
今帰仁村
伊江島
古宇利島
与那覇岳
水納島
本部町
八重岳
瀬底島
名護市
C
恩納岳
沖縄島
伊計島
宮城島
空港
平安座島
浜比嘉島
津堅島
那覇市
A
与那原町
南城市
B
久高島
N
0
10km

A
那覇中
ゆいレール
美栄橋
那覇商高
牧志
安里
久茂地小
2
県庁前
壺屋焼物博物館
真和志中
松川小
4
3
1
沖縄県庁
那覇高
神原中
那覇特別
支援学校
真和志小
沖縄赤十字病院
県立看護大学
城岳小
寄宮中
上間小
沖縄大学
沖縄女子
短大
小禄高
古蔵小
7
6
古蔵中
鏡原中
漫湖
沖縄協同
病院
国場川
5

B
石嶺小
西原
町役場
覇市
西原浄化センター
西原南小
西原町
与那原町
8
風原町
与那原
町役場
南風原
町役場
須久名山
馬天小
沖縄
メディカル
病院
市役所
大里庁舎
9
航空自衛隊
知念分屯基地
南城市
沖縄刑務所
第十一管区海上
保安本部通信所
11
船越小
10
重瀬町
南城市役所
おきなわ
ワールド
百名小
新城小
奥武島
八重瀬
町役場
向陽高

C
備瀬崎
古宇利島
15
今帰仁村
今帰仁
村役場
熱帯・亜熱帯
都市緑化植物園
乙羽岳
屋我地島
本部
町役場
本部町
八重岳
桜の森公園
瀬底島
14
八重岳
嘉津宇岳
名桜大学
13
医師会
病院
名護市役所
名護岳
名護市
辺野古岳
石岳
久志岳
キャンプ
シュワーブ
米軍演習場
12
恩納村
宜野湾村
恩納村役場

沖縄本島

那覇市

沖縄の御嶽

1 ビジュルグワー

【所在地】那覇市壺屋　【樹種】ガジュマル、アカキ
【祭礼】旧3月5日、6月1日、9月9日ほか

沖縄伝統の焼き物産地・壺屋の根本の神

【位置・由来・特徴】壺屋地域にある小丘の中に位置し、壺屋の根本の神で、祭祀の中心になる拝所である。焼物の重要な、火伏せの「火炎宝珠」を祠の上に祀る。旧暦3月5日に婦人会を中心とした祭祀が行われ、井戸を巡回する。ウタキの隣に昭和53年（1978）に町民会館が立てられ、地域のコミュニティーの中心になっている。周囲は建物に囲まれて、今後の保全が望まれる。

2 北の宮（ニシ）

【所在地】那覇市壺屋
【樹種】ガジュマル、シークアサなど
【祭礼】3月5日、6月1日、9月9日ほか

土帝君と焼物の神が合祀された宮

【位置・由来・特徴】壺屋博物館の屋上につながる所に位置する。かつて「ニシぬ窯」と呼ばれる登り窯があったが取り壊され、大正7年（1918）、南ヌ窯に祀った土帝君と、焼物の神が合祀された。焼物にたずさわる人々のお参りが絶えない。戦前は出征する前に、無事を祈る軍人たちが参ったという。平成10年（1998）、博物館を建てる際、拝所が屋上になった。

3 東ヌカー（アガリ）

【所在地】那覇市壺屋
【樹種】ガジュマル
【祭礼】3月5日、6月1日、9月9日ほか

開村時、最初に掘られた共同井戸とともに

【位置・由来・特徴】東ヌ窯の近く、ひめゆり通りの道沿いにガジュマルと村の共同井戸がある。井戸は、300年前に村が始まる際、最初に掘られたと言われ、かつては飲料水などに使われていた。通行が頻繁な道路沿いにあり、自治会で年1回ムーチの日以外でも神木の枝の整理が行われる。

4 南ヌ窯（フェーヌ窯）

【所在地】那覇市壺屋
【樹種】ガジュマル5本　【祭礼】なし

沖縄戦争をくぐりぬけたガジュマル

【位置・由来・特徴】壺屋地域で一番こんもりしたガジュマル林で、かつて、土帝君の祠があったが、北の宮に移された。戦前からの上がり窯があったが、台風で潰されて平成22年（2010）から修復工事を行っている。森は窯の煙の拡散をおさえ火伏せにもなった。陶工たちは窯に火を入れた後は涼しい樹蔭で憩いの場であった。沖縄戦で、ここだけは被害がなかったという。琉歌を刻んだ飾りを樹木の下にさげている。

5 前ヌウタキ

【所在地】那覇市国場
【樹種】クマオウ、ソウジュ、クワデイーサ
【祭礼】1月2日、3月3日、6月15日、12月24日

国場音頭にも歌われた『下国場ノ嶽』

【位置・由来・特徴】国場の大通りに面した農協（JAおきなわ国場支店）の後ろに位置する。国場音頭に「国場前ぬ御嶽、情けある御嶽うすくガジュマルね、びんぎ抱ちゆさ」に歌われた。小高い丘に拝所と広場があったが、1970年代、農協の後ろの小さな空間になる。

6 登野城御嶽（とのしろうたき）

【所在地】那覇市国場
【樹種】アカキ、マツ、センダンなど
【祭礼】1月2日、3月3日、6月15日、12月24日

村の人々を戦火から守った松木

【位置・由来・特徴】国場集落の祭祀の中心地。『琉球国由来記』巻十二、16「登野城ノ嶽、神名オシアゲ森の御いべ」、『琉球国旧記』三「登野城嶽」（推上森威部）という。中之御嶽火神御井、中之御嶽下乃御井、登野城西乃御井、子乃方御井を合祀した。国場音頭に「登野城の御嶽 松ぬ樹ぬ高さ 寒露節なりば 鷹ゆとゆさ」と歌われた松木は、太平洋戦争の際、防空壕を作るために切られた。現在の森は、戦後になって新しくマツやアカキなどが植林されたものである。

沖縄の御嶽

7 上ヌ毛子ぬ方（モニヌファ）

【所在地】那覇市国場
【樹種】マツ、ソウシジュ、ガジュマル
【祭礼】1月2日、3月3日、6月15日、12月24日

みんなに親しまれる国場の腰当社

【位置・由来・特徴】小高い山は国場の腰当杜と言われるところ。戦前は松の巨木があったが、戦争中に焼失したという。国場音頭に「子ぬ方ぬ上ぬ毛、風ぬかたか 冬や温くぬくと、夏ぬ涼さ」と親しまれた丘は、国場集落が全部見下ろせる位置である。平成18年（2006）、グランドゴルフ場の整備後、子供の野球や、ウォーキングサークルなど、地域の人々の余暇のために活用されている。自治会による樹木の手入れは、年一度ムーチの日に行う。周囲は建物に囲まれて、今後の保全が望まれる。

8 親川（エーガー）

【所在地】那覇市与那原
【樹種】ガジュマル2本、デイゴ3本
【祭礼】5月15日、6月15日

天女が降臨した「お水撫」の拝所

【位置・由来・特徴】『琉球国由来記巻十三 各処祭祀五八』、「オヤガワ 与那原村」、『球陽巻一三 一〇八七』：「天女、与那原の御井に現降す」という記録がある。最高位の神女・聞得大君（きこえのおおきみ）が「お水撫」の儀式を行う時の拝所で、首里を出発して、最初の休憩の御用水を献じた所と伝える。与那原町立綱曳資料館の横に位置して、旧暦6月26日に近い日曜日に盛大に行われる綱引の出発と終結地でもある。戦前はデイゴやマミクがあったが、戦争で焼失、戦後デイゴとガジュマルを植えた。

南城市

9 イビの森（ムイ）

【所在地】南城市佐敷新里沢川原（さしきしんざと）
【樹種】ガジュマル数本、デイゴなど
【祭礼】旧暦1月2日、5月15日、6月15日

佐銘川大主屋敷の消失、災害を乗り越えた森

【位置・由来・特徴】もともとイビの森は、村の氏神だった。昭和34年（1959）に台風で地滑りが起き、佐銘川大主（さねがわふうぬし）の屋敷跡一帯が埋没して、佐銘川大主の屋敷跡、井戸（上場天御井戸、下場天御井戸）、御天竺神、伊平屋神をこのイビの森に移転した。近年デイゴヒメコバチのためにデイゴがほとんど枯れた。

10 仲村渠(ナカンダカリ)

【所在地】南城市玉城　　【樹種】アコウ、アカギなど
【祭礼】1月2日、3月3日（浜御願）、5月15日（稲穂祭）など

昭和30年代まで生活用水に利用された水場のある森

【位置・由来・特徴】仲村渠集落の共同用水施設がある。沖縄戦で共同風呂周辺が破壊されたが、平成16年（2004）の複元工事で今日の姿になった。左側がイキガガー（男性用水）、右側がイナグガー（女性用水場）、共同風呂などが設けられて、昭和30年代までは炊事用、水浴びなど生活用水として用いられた。今も農業用水に利用されている。旧暦8月に綱曳（仲村の十字路の所に南北の線を引く）をする。アコウやアカギなどのこんもりした森である。

11 垣花桶川(かきのはな ヒージャー)

【所在地】南城市玉城垣花川原
【樹種】アカギ
【祭礼】1月2日、3月3日（浜御願）、5月15日
　　　（稲穂祭）など

人々の暮らしを支える名水の地

【位置・由来・特徴】昭和60年(1985)環境庁の全国名水百選に選ばれた名水として知られている（沖縄県では唯一）。左側の鬱蒼とした林の中腹にある岩根から湧水が出る。左側上のイナグンカー（女性の川）、右側下のイキガンカー（男の川）があり、水浴びをしたり野菜を洗ったり生活用水に用いられた。その下流の水田や畑も潤す。遠く見下ろす海側にヤハラ司(づかさ)（アマミク神が上陸した場所）が見える。

沖縄の御嶽

名護市

12 久志ウガミ

【場所】名護市久志　【樹種】リュウキュウマツなど　【祭礼】旧1月18日、4月18日

神女が集まり御拝祝を行う男子禁制の聖地

【位置・由来・特徴】久志の古島・当原の背面の小高い丘に位置する。女性だけ入ることが許された場所で、辺野古では「ウガンジュ」と呼ぶ。旧暦1月18日、4月18日に辺野古、久志の双方の神女と既婚女性が集まり、ウガミエー（御拝祝）行事を行う。中央にノロ、右手（西）に久志の根神と神女、左手（東）に辺野古の根神と神女が向かい合わせるように座って拝んだ後、歌や三線に合わせて踊りを興じる。かつては、リュウキュウマツ林であったが、近年松喰い虫の被害により拝所周囲の老木・巨木のマツが切られた。

13 安和のくばのうたき

【所在地】名護市安和
【樹種】ビロウ（クバ）など
【祭礼】旧1月3日、3月（清明祭）、4月（若草御願）、5月15日（ウマチー）など

聖なる木クバ200本が群生

【位置・由来・特徴】安和集落の背後にある標高約40mの丘で、住民は「くばのうたき」と呼んで、村の祖先神を祀る。聖なる樹木クバが200本ほども群生しており、丘の周囲には注連縄が張られている。イビへの遙拝所など、御嶽の形式がきちんと備わっているため、沖縄県の有形民俗文化財に指定されている。

国頭郡本部町

14 健堅ニヌファ
けんけん

【所在地】国頭郡本部町健堅
【樹種】ガジュマルなど　　【祭礼】旧7月など

シニグイはガジュマルの巨木とともに健在

【位置・由来・特徴】健堅の本字入り口に位置して、ガジュマルの巨木を中心に小さな庭園のように手入れされているウタキである。祭祀シニグイ（旧暦7月）の重要な儀礼が5日間にわたって行われ、賑やかにエイサーが行われる。アコウの根元にある岩には、ガジュマルを歌った「末代栄てがん寿ガジュマルヤ 枝むちん清らかさ 石ん抱ち美らさ」という琉歌の歌詞を記した手書きの札がかかっていた。

国頭郡今帰仁村

15 クボウの御嶽

【所在地】国頭郡今帰仁村今泊　　【樹種】ホルトノキ、クス、ムクロジなど
【祭礼】旧5月15日、9月15日

琉球七御嶽の一つ、自然な植生の御嶽が残る

【位置・由来・特徴】『琉球国由来記』「コバウノ嶽」には、神名が「ワカツカサノ御イベ」と記されている。琉球創成神話に登場し、琉球の創造神が降臨した土地─琉球七御嶽の一つである。旧暦5月15日、9月15日に今泊によって執り行われるウブウガン（大御願）で、今帰仁ノロ以下の神人と村人が集まり、祈願が行われた。上・中・下三段の座が設けられて、祈願の際は上の座は神人、その下は一般の女性、その下に男性が座って祈った。クバ御嶽の西側の中腹にはブドウキヌイッピヤ（解きの岩屋）という洞窟があり、子宝を授かる拝所として知られている。調査地の中で最も自然な植生の御嶽である。

A
八重山
民俗園
名蔵ダム
21
名蔵中
於茂登岳
鳩間島
B
石垣島
竹富町
石垣市
古美岳
西表島
竹富町
小浜島
C
A
竹富島
黒島
石垣空港
新城島
農業試験場
石垣ダム
国際農林水産業
研究センター沖縄支所
海上保安部
通信所
石垣畜産センター
前勢岳
県立石垣
少年自然の家
バンナ岳
八重山
文化会館
石垣市
石垣市
ゴミ処分場
幸福牧場
かりゆし病院
石垣
浄水場
22
宮良小
白保中
19
20
石垣中
新川小
18
八島山
農林高
石垣空港
大浜中
大浜小
23
八島山高
石垣市役所
16
八重山
刑務所
八重山
商工高
17
八島小
0
2 km

平離島
0
2 km
B
底地ビーチ
25
川平浄化センター
川平貝塚
24
川平中
小島
川平湾
吉原小
ぶざま岳

C
0
500m
竹富東港
喜宝院
蒐集館
26
竹富島まちなみ館
30
27
28
竹富保育所
竹富中
29
蔵元跡
竹富組合牧場

八重山諸島

石垣市（石垣島）

16 美崎御嶽(みさき)

【所在地】石垣市登野城
【樹種】テリハボク、フクギ、ガジュマルなど
【祭礼】旧正月初願い、豊年祭、八月願いなど

八重山初の大阿母の神職が置かれた地

【位置・由来・特徴】『琉球国由来記』神名：「大美崎トウハ 御イベ名浦掛ノ神ガナシ」と記される。1500年、オヤケ赤蜂(あかはち)と関わり、神女の真乙姥(おおあむ)が那覇港へ兵船が無事に帰還するよう祈願を行って、八重山初の大阿母の神職が置かれた。大阿母が礼拝する「公儀御嶽」となる。明和の大津波（1771年）で御嶽は流されたが、3年後に木々が植えられた。明治期の古地図では御嶽の前に海が広がっているが、近年は埋め立てにより、周囲に宅地が形成されている。

17 天川御嶽(あまかわ)

【所在地】石垣市登野城
【樹種】テリハボク、フクギ、ハスノハギリ、ガジュマルなど
【祭礼】旧正月初願い、豊年祭、八月願いなど

ミシャグパーシイが奉納される豊年祭は圧巻

【位置・由来・特徴】『琉球国由来記』神名：「天川ハナサウ 御イベ名 アマイラ本主」と記される。伝承に天川家の新城家の祖先、野佐真が霊石を信仰したところ、豊作・豊漁になり、村人も信仰するようになったという。大津波（1771年）で流されたが、美崎御嶽同様、3年後、ウタキに諸木を植えたという記録があり、古地図からかつて広大な林があったことがわかる。平成22年（2010）、新しい拝殿が完成した。

18 宮鳥御嶽(みやとり)（メートゥリィオン）

【所在地】石垣市石垣
【樹種】フクギ、アカギ、クワノハエノキ、ガジュマル、ビロウなど
【祭礼】旧正月初願い、豊年祭、八月願いなど

兄弟が宮鳥山を崇めたと言い伝えられる御嶽

【位置・由来・特徴】『琉球国由来記』神名：「ヲレハナ、御イベ名・豊見タトライ」。1771年の大津波による被害はまぬがれる。言い伝えによれば、昔「神は人間の父母、人間は神の子で諸人皆兄弟で、慈悲の心で諸人に接するように」と神に告げられた兄弟が宮鳥山を崇めたという。石垣小学校の南側に隣接、石垣公民館、幼稚園も隣にあり、地域の憩いの場である。

沖縄の御嶽

19 真乙姥御嶽(マイツバ)

【所在地】石垣市新川
【樹種】クワノハエノキ、テリハボク、オオバアコウなど
【祭礼】旧正月初願い、豊年祭、八月願いなど

石垣島最大の4ヶ字による豊年祭

【位置・由来・特徴】1500年に起こったオヤケ赤蜂事件で首里王府と関わった長田大王(ナータフーズ)の妹真乙姥(マイツバ)の墓を祭神とする御嶽。拝殿の後ろの森は、平成20年(2008)に駐車場を撤去して市が植樹したものである。入り口のオオバアコウは参拝する人を驚かせるが、近年弱い枝が目立つ。石垣島最大の豊年祭があり、4ヶ字の旗頭を上げた行列がこの御嶽に集合する。

20 長崎御嶽

【所在地】石垣市新川
【樹種】テリハボク、フクキ、クワノハエノキなど
【祭礼】旧正月初願い、豊年祭、八月願いなど

「夫婦石」を祀ると豊作になる言い伝え

【位置・由来・特徴】『琉球国由来記』では神名「神が根、御イベ名・スキヤアガリ」と記される。新川(あらかわ)の長崎家の祖先が森の中で霊火が現れた石を見つけ、それを「夫婦石」として祀ると豊作になったという。近年、公園化され、周囲には人工の垣が作られている。神司は現在おらず、女役者6名で神事などを行う。明治の地図を見ると、御嶽の近くまで海でせまり、森が広がっていた。

21 名蔵御嶽(なぐら)

【所在地】石垣市名蔵
【樹種】アコウ、テリハボク、フクキ、シマグワ、モクタチバナ、ビロウなど
【祭礼】8月15日、豊年祭など

石垣島七御嶽の一つ・航海安全を祈願

【位置・由来・特徴】『琉球国由来記』では神名「照添照明し、御イベ名」と記される。石垣島七御嶽の一つで、近世後期には「七嶽タカベ」として年貢上納船の航海安全を祈願した。この御嶽は1935年頃から望郷の念を抱いた台湾移住者たちが、多く参るようになり、1937年拝殿も再建した。旧暦8月15日、豚祭（土地公）を行う。サトウキビ畑に囲まれたこんもりした森である。

沖縄の御嶽

22 小浜(おはま)御嶽

【所在地】石垣市宮良
【樹種】テリハボク、アコウ、ガジュマルなど
【祭礼】豊年祭など

津波を逃れ、故郷を遠望する高台に勧請された御嶽

【位置・由来・特徴】明和の大津波（1771年）で宮良(みやら)村は人口の85％余りを失い、小浜島から320人を移住させた。移住者たちは、新しい土地の開拓を進めながら、故郷の小浜島を遠望できる村の西面の高台地を選んで、小浜で信仰していた「照後御嶽」の神の分神を勧請して祀った。参道は白いサンゴが敷かれ、入り口と奥の拝殿にはアコウの巨木がある。氏子などの労力で、つねに境内がきれいに手入れされている。

23 崎原御嶽（サキバルオン）

【所在地】石垣市大浜　　【樹種】デイゴ、フクキなど　　【祭礼】豊年祭、節祭など

八重山の鉄器伝来伝説をもつウタキ

【位置・由来・特徴】『琉球国由来記』には神名「崎原神根付、御いべ名　ふしかうかり」とある。八重山への鉄器伝来の伝説をもつウタキである。大浜小学校歌には「崎原御嶽の前に遠く、高鳴る海の潮風に赤いデイゴの花開く、ああ楽しい学び舎に強く伸びる若い芽だ」という一節がある。

24 赤イロ目宮鳥御嶽（アーラオン）

【所在地】石垣市川平
【樹種】テリハボク、フクキ、リュウキュウマツ、デイゴ、アコウ、ビロウなど
【祭礼】旧正月、豊年祭、結願祭など

宮島御嶽の分神を盛大に

【位置・由来・特徴】川平地区の十字路の道路沿いに位置する。『琉球国由来記』にある神名は「御イベ名　マカコ大アルジ」。豊年祭、結願祭、節祭を盛大に行う。昔、馬夫佐という村の役人を設け、村中を巡回して農作物を見守り、月1回、石垣村の神司を通じて、宮鳥御嶽（18）の神へ報告させた。遠距離の川平は宮鳥の分神にあたる。近年、デイゴヒメコバチによる被害を受けていた入口のデイゴは、平成22年（2010）のデイゴ救済作業で元気を取り戻しつつある。石垣市の民俗文化財に指定。

25 群星御嶽（ユブシィオン）

【所在地】石垣市川平
【樹種】テリハボク、フクキ、リュウキュウマツ、ビロウなど
【祭礼】旧正月、豊年祭、結願祭など

「稲ほし御嶽」から「群星嶽」へ

【位置・由来・特徴】『琉球国由来記』には、「稲ほし御嶽」とあるが、川平では、大正5年（1916）に「群星嶽」と改めている。川平村の旧家・南風野家（現在、早野家）では、夜中不思議な霊火が星となって地上に落ちたのを見て、その場所を調べると白い印があり、神の降りた所として一宇を建てたと伝わる。結願祭は、ツカサや神人などの女性たちが前々日からウタキに籠って祈りを捧げる。

八重山郡竹富町（竹富島）

26 世持御嶽（ユームチオン）

【所在地】八重山郡竹富町竹富　【樹種】デイゴ　【祭礼】豊年祭、種子取祭

島が湧き立つ竹富島最大の種子取祭

【位置・由来・特徴】琉球王府時代の村番所跡で、大正3年（1914）から昭和11年（1936）まで村役場があった。その跡地に火の神と農耕の神を祀った。六つのオンの神々が集まる秋の竹富島最大の種子取祭は無形民俗文化財で、奉納芸能は70演目もあり、島全体が湧き立つ。島の老人クラブ結成を記念して昭和37年（1962）に十数本のデイゴを植樹した。保護活動により、数年ぶりにデイゴの花が咲いた。

27 久間原御嶽（クマーラオン）

【所在地】八重山郡竹富町竹富　【樹種】フクギ、オオバギ、クロツグなど
【祭礼】豊年祭（旧6月）、なーき祝い（旧12月）

樹木をつかさどる山の神様

【位置・由来・特徴】『琉球国由来記』には、「神名：東久間真神山、御イベ名大利大あるじをきなかねしより御渡久間原初おかみ初る」とある。久間原御嶽は、樹木をつかさどる神様で、山の神様として祀られた六嶽（波座真、仲筋、幸本、久間原、花城、波水若）の一つである。

28 花城御嶽（ハナックオン）

【所在地】八重山郡竹富町竹富
【樹種】フクギ、リュウキュウカキ、リュウキュウチサなど
【祭礼】豊年祭（旧6月）、なーき祝い（旧12月）

海をつかさどる神様が開いた村

【位置・由来・特徴】『琉球国由来記』には、「神名：豊見ハナサウ　御イベ名いへすしやかわすしやをきなかなしより御渡たかねとのおかみ初る」とある。花城御嶽は海をつかさどる神様で、昔、6人の酋長が協議した際、かつて沖縄の加奈志から渡来した他金殿が土地をもらうより、広い海を分けてもらうことを申し出た。他金殿は、島の北端に新里村を開き、「花城井戸」を掘って生活の拠点にしたと伝わる。

29 波利若御嶽（バイヤーオン）
は　り　わか

【所在地】八重山郡竹富町竹富　　【樹種】タブ、フクキ、ツゲモチ、リュウキュウカキなど
【祭礼】豊年祭（旧6月）、なーき祝い（旧12月）

「五風十雨」の豊作を祈願した雨の神様

【位置・由来・特徴】『琉球国由来記』には、「神名：新カシノ新山イベ名　徳島より御渡塩川とのおかみ初る」とある。「五風十雨」の豊作を祈願した水の神様として祀られる。『由来記』には、徳之島より渡来した塩川殿は、6人の酋長が協議した際、残りの土地でいいと旧新里村の一角をもらった。海の方は寅の方向にあたる干潟をもらい、バイヤピーと名づけたと伝わる。

30 清明御嶽（マイヌオン）
しん　みょう

【所在地】八重山郡竹富町竹富　　【樹種】アカキ、クロヨナなど
【祭礼】豊年祭（旧6月）、結願祭（旧8月）なーき祝い（旧12月）

国造りの神を祀る御嶽

【位置・由来・特徴】八重山の島々をつくった神と石垣島のオモト岳の神を祀る。旧暦8月初めに行われる結願祭は、明治8年（1875）の豊作祈願が起源で、芸能が演じられる。小学校のすぐかたわらに位置しており、子供たちの遊び場でもある。

III
韓国の鎮山と堂山信仰

韓国の鎮山と堂山

　韓国の集落における民間信仰についてさまざまな面で研究が行われてきたが、大きく分けて、「神の木」そのものを研究調査したものとこんもりした森「マウルスップ」(마을숲：村の森)を対象としたものの二つに分けられる。

　前者でもっとも初期の代表的なものは、1933年の村山智順（ちじゅん）『部落祭』である。全国の集落の祭や神の名称、伝説を網羅して各地の祝文まで記録した重要な資料である。

　韓国の民間信仰の研究は、大きく1990年代以前と以後の研究の流れがある。高度成長期の研究では、崔吉成（チェキルソン）による『韓国民間信仰の研究』（1989年）に要約がある[1]が、この時期の民俗学では、張寿根（チャンジュクン）の功績が欠かせない[2]。そして、金泰坤は『韓国民間信仰の研究』（1983年）で洞神（村の神）信仰を取り上げている[3]。その他、現状報告であるが、堂山の祭や詳細を記述した国立文化財研究所の全国規模の調査による『山間信仰』（1996年から刊行）は代表的な地のみで、抜けた祭も多いが、詳細な祭の現状報告の記述は貴重な資料になる。また、1980〜2003年の間に釜山市全地域の堂山の現地調査を行ってまとめた元釜山大学教授・金承燦による『釜山の堂祭』（2005年）が貴重な資料といえる。

　1990年代以後、民俗学には新しい試みが現れる。李必永（イピルヨン）は『マウル信仰の社会史』（1994年）で、従来の神堂形態研究から進んだ民間信仰の新しい方向性を見出した[4]。近年では、李サンフン『マウルスップの社会学的意味』（2005年）が今後の展開が期待できうる資料といえよう[5]。

　後者の「マウルスップ」の研究は、民俗学以外の分野で1990年代から本格的に現れる。林学では金学範（キムハクボム）が『韓国の村園林に関する研究』（高麗大学林学科博士論文、

1 第一に、目に見える信仰対象の象徴的形態の研究は孫晋泰、趙芝薫、金泰坤など。第二に、神の起源は趙芝薫、金泰坤、張寿根など。第三に、祭については、秋葉隆の論を取り上げて儒教式の村祭りと巫式の二重構造があり、社会にも上下対立があると述べている。しかし、1970年代以来、年々衰えていく民間信仰を社会変動とともに考察したものは少なかった。

2 張寿根は、鳥居など日本文化の原型を韓国に見出し（「古代韓日両国の民間信仰」『日本文化の源流として比較韓国文化』（1980年）、ニソの杜は韓国のコルメギ堂と類似するとした。また、神話を研究対象としてカミの起源（『韓国神話の民俗学的研究』1995年）についても考察している。

3 金は、ソナンの起源をモンゴルのオボ（鄂博）から検討し、「天神、山神、中国の城隍神」の3要素がソナン信仰に複合したという。神の木の全体図やソナンと城隍神の歴史的な資料の検討はない。

4 現地調査による研究を行い、祭礼では、儒教式、巫俗式の事例を取り上げている。また、集落の神を祭る位置によって「上堂の神」と「下堂の神」に分け、前者は主山で山の神が鎮座するという。後者は長栍塔、立石、樹木として分類し、集落の入り口 ― 堂山などもこちらに分類される。長栍塔は、集落に進入しようとする災いや悪霊などを防ぐための「下堂の神」 ― つ（p.317）といい、偶像崇拝だとして軽視した西洋の宣教師やキリスト教徒にも言及している。この点は、自国の文化から遠ざかる韓国のキリスト教徒の今後の方向性を示唆しており（李必永『マウル信仰の社会史』pp.335－343）興味深い。

1991年)で、マウル園林とともに「マウルスップ」という言葉を提示して、マウルスップ研究の新しいジャンルを開いたといえよう。造園学では張東洗の『韓国伝統都市造景の場所的特性に関する研究』(ソウル市立大学博士論文、1994年)[6]などがある。そして、金学範・張東秀共著による『マウルスップ』(1994年)[7]がある。徹底した現地調査を行っており、持続的保全に関する言及はなかったものの「マウルスップ」を学問として本格的に扱うための基本資料となり、今後、森の保全にもつながるだろう。地理学では近年、崔ウォンソクの『韓国の風水と裨補』(2004年)があり、韓国の裨補[8]の理論的体系を歴史的に究明するとともに、嶺南地域を中心に現地調査も行い、その特性を語っている。これら以外では、NGO「生命の森国民運動」が、1938年に朝鮮総督府林業試験場が刊行した『朝鮮の林藪』をもとに、全国81地域の220ヶ所の森に関する資料の翻訳と再調査を行った2007年の成果がある。

　本章では、韓国の鎮守の杜の特徴を二つの視点から探る。まず、朝鮮王朝時代、風水の理念に基づいた「鎮山」と樹木がどのように守られてきたかを文献を中心に取り上げる。これまで、朝鮮王朝における鎮守の杜と地域社会の鎮守の杜の両者を結びつけた文献と現地調査による考察は少なかったためである。後者の集落の杜[9]は現地調査を都市と都市周辺(ソウルと慶州)を中心に取り上げて検討したい。まず、祭礼や植生、そして堂山信仰が地域の歴史といかに関わり、営まれてきたかを考察する。周知のように、神の木の多くは老木のため、生態的、人為的にもさまざまな課題を持っている。都市化が進んだ地域における老樹や堂山の保全の成功と失敗の事例を取り上げて、将来的にどうやって文化的な自然─堂山と共存していくべきかを考察したい。

---

[5] 2005年5月、ソウル歴史博物館で行われたシンポジウムの資料として、『伝統マウルスップの理解と復元運動の方向』という題名で鎮安郡の89ヶ所の現地調査による由来、水口防止林、神木の予兆の神聖性などの詳細な事例が取り上げられている。

[6] 張東洗は、朝鮮総督府が調査した『朝鮮の林藪』をもとに現地調査を行い、高麗大学林学科博士論文「韓国伝統都市造景の場所的特性に関する研究」でまとめている。

[7] 現地調査による写真や植生位置図をもとに、マウルスップを次の三つ、「土着信仰の森」として堂山や城隍林、「風水・裨補の森」として水口防止の森など、そして「儒教の森」に分類し、それぞれの事例を取り上げている。

[8] 「裨補」は風水の欠ける部分を補う意で、穴の周囲の山が低い場合は小山を築き植樹などを行う方法がとられる(崔昌祚『韓国の風水思想』、人文書院、1997年、p.388)。

[9] 韓国では、集落のカミの杜の呼称は「堂山」「山神」「コルメギ堂」など、地域によって異なるが、広く一般的に用いられているのは、「堂山ハラボジ(お爺さん)」、「堂山ハルモニ(お婆さん)」である。

1 朝鮮王朝時代の鎮山

鎮山と城隍祠

　韓国でカミと自然、そして人間社会に関わる記述はいくつかあり、最も知られているのは『三国遺事』[10]である。すなわち、天から神檀樹（シンダンス）に降りた桓雄（ファヌウン）と結ばれた地上の熊女（ウンニョ）は、神檀樹の下で子を授かることを祈り、誕生した檀君が山の神になったという、山や神樹の自然信仰と深い関わりを表す神話である。

　山が神聖視されるのは高麗時代の記録に見られる。開城の崧山（松嶽山）（ソンアクサン）には「崧山神祠」が祀られたが、『宣和奉使高麗図経』を見ると「契丹軍が高麗の開城に侵入した際、夜に崧山の松の木、数万本が人間の声を出した。これに契丹軍が驚き撤退した後、人々は崧山に祠を立てて祀った」[11]という興味深い記述がある。この「崧山神祠」は『高麗史』巻十二、睿宗元年（1106年）と『高麗史節要』巻七の睿宗（1106年）に「松岳は鎮山で、長年雨水で土砂が流れて、岩石が露出して草木が茂らないので樹木を植えるように」[12]という類似の記述がある。つまり、高麗時代、すでに鎮山として崇められたことがわかる。

　このように、中央における鎮守の杜—山の信仰と平地の集落で祀る神木の信仰に分けられる。そして、両者はまったく無関係に存在したものではなく、さまざまなつながりを持ちながら営まれたと考えられる。本章では、「鎮山」[13]と「城隍祠」を中心に検討したい。

　朝鮮王朝時代（1392～1910年）、王室自ら鎮山に城隍祠を置くことが進められた。建国当初から四つの鎮山（北岳山（プガッサン）、仁王山（インワンサン）、南山（ナムサン）、駱駝山（ナクタサン））が位置する漢陽（ハニャン）（ソウル）

10　「降於太伯山頂。神檀樹下…。熊得女身…。故毎於檀樹下。呪願有孕。孕生子。號曰檀君王倹。檀君…。後還隠於阿斯達、為山神。」（『三国遺事』（一然：1281年？）、2000年、pp.27-28）

11　「崧山神祠。在王府之北。……國人相傳。祥符中。契丹侵逼王城。神乃夜化松数万。作人語。虜疑有援。即引去。後封其山爲崧。以祠奉其神也。」『宣和奉使高麗図経』第十七祠宇「崧山神祠」（中国宋の宣和6年（1124）徐兢が完成した）。

12　『高麗史』（世宗の時、金宗瑞などが編纂、文宗（1451）に完成した高麗（918～1392年）の歴史書139巻）に「奏松岳、乃京都鎮山、積年雨水、沙土漂流、厳石暴露、草木不茂、宜令栽植裨補」とあり、『高麗史節要』（1452年に編纂された、文宗2年（1452）金宗瑞らが撰進完成させた全35巻）巻七、睿宗（1106）に「奏松岳、乃京都鎮山、積年雨水、沙土漂流、厳石暴露、草木不茂、宜令栽植」（『高麗史節要』国訳、朴尚得図書刊行会、1995年、p.128）とある。

13　鎮山は「風水」の理念で定められた。遷都後、太宗年（1406年11月15日）には、十学の中に陰陽風水学が置かれた。「置十學。一曰儒、二曰武、三曰吏、四曰譯、五曰陰陽風水……」。

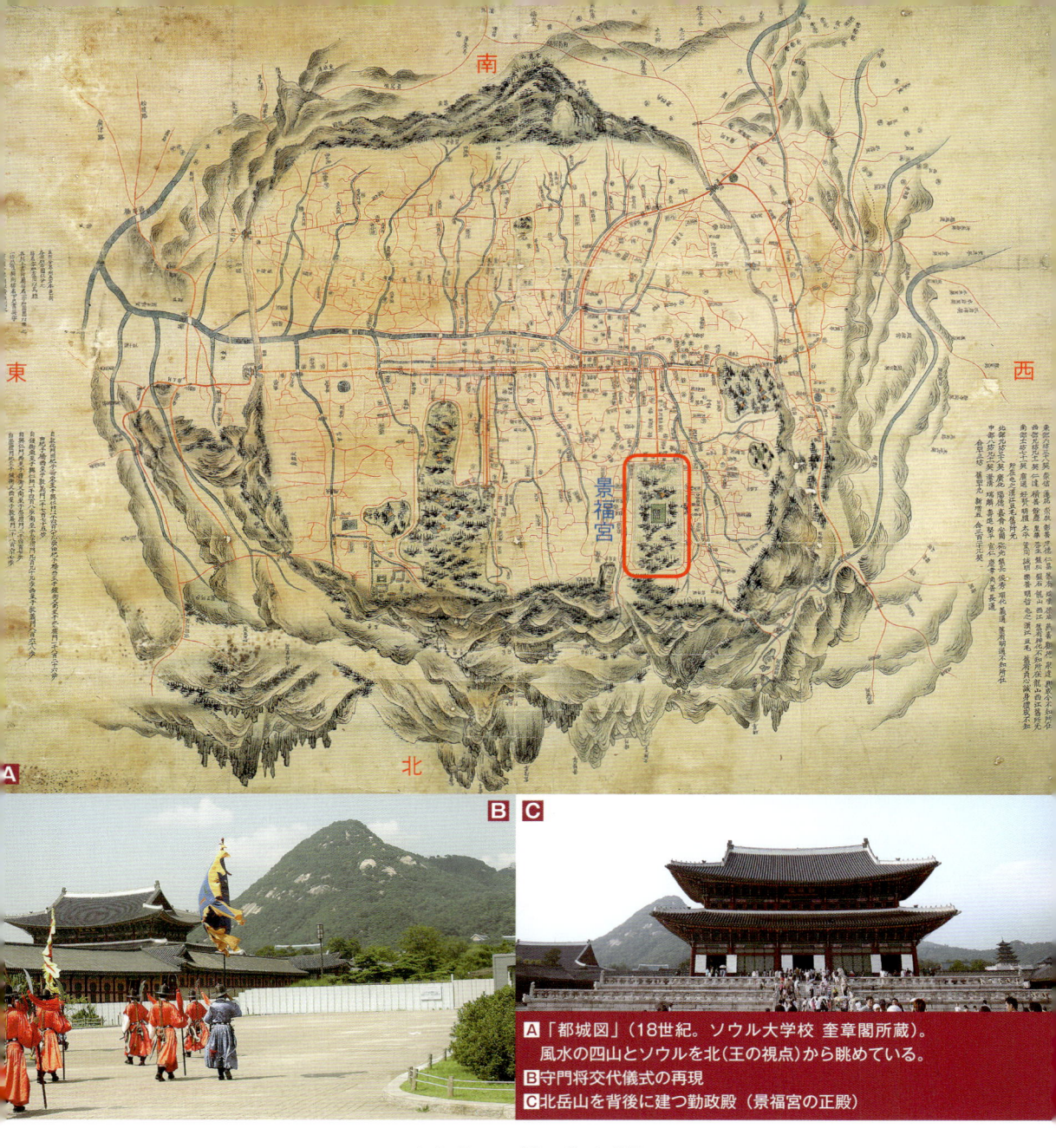

A 「都城図」(18世紀。ソウル大学校 奎章閣所蔵)。
　風水の四山とソウルを北(王の視点)から眺めている。
B 守門将交代儀式の再現
C 北岳山を背後に建つ勤政殿(景福宮の正殿)

❶ 風水に基づく都

朝鮮王朝は無学大師の風水説に基づき、四山のあるソウルを都とした。北岳山(主山)、駱駝山(左)、仁王山(右)、南山を定めて、正宮・景福宮を創建した(1395年)。

に正宮・景福宮を置いたわけである（❶）。

　高麗王朝の鎮山・松嶽山（ソンアクサン）に置かれていた城隍神を白嶽山に移した（1406年1月7日）ことは、鎮山に城隍祠を置くことが中央から広がったと考えられる。このように中央から『洪武礼制』により祭祀の整備が進められる中、鎮山信仰と城隍信仰が結びついたと考えられる。

　鎮山や城隍祠は記録からわかるように、国や官の主導で全土に進められた。『世宗実録・地理志』[14]には、鎮山が105ヶ所、城隍祠が140ヶ所余りと記されている。また、『新増東国興地勝覽』をみると、鎮山が195ヶ所、社稷（しゃしょく）*・文廟（ぶんびょう）*と並列して城隍祠が祀られた場所が117ヶ所[15]も載っている。このように従来の土着的な自然信仰と城隍信仰が混合しながら定着してきた。その際、山の神を祀ることとは別のものと認識しながら、鎮山に城隍祠が置かれた。

　周知のとおり、中国で「城隍神」とは冥界や都を守る信仰で[16]、平地の城を中心に置かれた城隍廟が多いが、高麗王朝では中国と異なり、山に城隍祠が置かれたと考えられる。

　そして、鎮山に城隍祠が置かれたのは、195ヶ所のうち67ヶ所で約34％である[17]という。

　ここで、朝鮮王朝の時代の城隍祠がどのように記されたか『朝鮮王朝実録』[18]を中心にみよう（表1）。

　朝鮮王朝は、社稷・文廟とともに城隍祠を置いた。そして、「松嶽城隍曰鎮国公……白嶽諸山、皆曰護国之神」（1393年1月21日）という記録からもわかるように、従来の山の信仰の基盤に護国の神として城隍祠が積極的に置かれるようになったと考えられる。「城隍信仰と山岳信仰の混合は中国と異なる」信仰[19]とされるが、「官主導で行われた城隍祭は、権力を維持して地域社会を統合させる為に、既存の土着信仰の基盤を朝鮮王朝公式の儀礼─儒教式化させた」（李基泰・267−268）とされるように城隍

14　朝鮮王朝実録　http://sillok.history.go.kr を参照。

社稷* 社（土地神を祀る祭壇）と稷（穀物の神を祀る祭壇）の総称。古代中国に起源をもち、朝鮮では太祖・李成桂が建立したことに始まる。

文廟* 儒教の創始者である孔子を祀る霊廟。孔子廟のこと

15　『新増東国興地勝覽』（1530年朝鮮王朝によって編纂された55巻の地理書）には、山々に城隍祠が置かれたのは195ヶ所のうち、67ヶ所、約34％であるという（崔種奭「朝鮮時期の鎮山の特徴とその意味」『朝鮮時代史学報』45、2008年、p.35）。

16　城隍神について、小島毅は「城隍は、『城壁と空堀』の意である。……城隍は『社稷、学校』と並列して国家の施設と認定された」（「城隍廟制度の確立」『中国城隍関聯文選』p.206, 214）という。徐永大は「中国の城隍神は都市や城だが、朝鮮は郡州で、中国は城隍神が山神と別だが、韓国は同じで鎮山に多く位置する」という（『城隍堂と城隍祭』、1998年、pp.440-445）という。

17　崔種奭「朝鮮時期の鎮山の特徴とその意味」『朝鮮時代史学報』45、2008年、p.35。

18　『朝鮮王朝実録』http://sillok.history.go.kr を参照

19　徐英大「韓国・中国の城隍信仰史の淳昌の城隍大神事跡」『城隍堂と城隍祭』、1998年、p.442。

表1　朝鮮王朝時代の城隍祠に関する記述

年　代	記述内容（上段は日本語訳）
太祖2年(1393)正月二十一日	松岳山の城隍神は鎮国神であり……白嶽など諸山は、護国の神と言う。
	「松嶽城隍曰鎮国公……白嶽諸山、皆曰護国之神。」
太宗6年(1406)正月七日	以前は、松嶽山の城隍神に禄を与えたが、都を漢陽に移したので白嶽の城隍神に禄を与える。
	「給白嶽城隍神祿。前此、給祿於松嶽城隍神、以定都漢陽、故移給之。」
太宗6年(1406)六月五日	新都の城隍神を昔の場所に移して祀堂を立てて祭りを祈る。……漢陽府城隍堂は昔の場所で……『洪武礼制』によって、府州郡縣に全て社稷壇を立てて春秋祭りを行い、庶民に至るまで社に祭りをする。
	「"新都城隍之神，乞就舊基立堂以祭。……漢陽府城隍堂舊基也……" 按『洪武礼制』、府州郡縣、皆立社稷壇、以春秋行祭；至于庶民、亦祭社。」（1406年6月5日）（『洪武礼制』は礼に関して編纂された中国明の本で、朝鮮前期多く活用されたが、『国朝五礼儀』（1474）が制定されると次第に消滅した）。
太宗11年(1411)五月八日	『洪武礼制』に（次のようにある）、風雲雷雨の神は真ん中、山川の神は左、城隍神は右である。我が国もこれに従い、風雲雷雨と城隍の神ともに祭祀する。
	「『洪武礼制』山川壇祭、風雲雷雨之神居中、山川居左、城隍居右、故本国亦依此制」設三位而祭之。願自今如遇旱氣、依『洪武礼制』祭風雲雷雨城隍之神。從之。」
太宗12年(1412)十一月二十四日	天子は天地に、諸侯は山川を祭る……士や庶人は里社を祭る……城隍は高山にいるが城隍と呼称し、いわゆる山川を祭ることと異なる。
	「天子祭天地、諸侯祭山川……外有鄉社里社、士庶人皆有祭處……城隍雖在高山、旣稱祭城隍、則與所謂祭山川似不同」
『世宗地理志』(1425〜1454)舊都開城留後司	京城の鎮山は崧山で、山頂に祠があり春秋に国祭を行い中祀に載せられ、一曰く城隍堂…
	「京城之鎮曰崧山、巓有祠宇三春秋行國祭載中祀一曰城隍堂」
肅宗44年(1718)十一月二十日	疫病が蔓延するので山川で祭りを行う。城隍神に告げる祝詞。
	「以癘疫熾蔓、遣重臣、致祭于山川、上親製城隍發告祭祝文以下。」

信仰と土着信仰の混合が知られている。このような中国と異なる自然信仰と融合した城隍神信仰について今村は、「朝鮮古代の樹木崇拝、山岳崇拝の混合したものであり、大抵山道の峠の樹木のある下へ、小石など積んであって其処を城隍神と称し祈願する……朝鮮城隍神の支那と違った特色は、山上に多い事である」[20]と昭和初期の論考で記録している。

---

20 「朝鮮城隍神考」（『朝鮮』115号、1928年、朝鮮総督府発行、今村、pp.16-21）。

では、城隍祠を各地方に置く際、従来の信仰はどのように位置づけられたのだろうか。『朝鮮王朝実録』には「淫祀(いんし)」という言葉がたびたび登場する。

太祖即位の当初（1413年6月8日）[21]から従来の自然信仰を「淫祀」として扱い、城隍信仰を整備しようとしたことが、その指示からもわかる。そして、各地の地域の官主導で、礼制に従い[22]、民間における土着的自然信仰を「淫祀」として禁止させた。明宗21年（1566年1月25日）の時には、「開城松岳の淫祠を燃やすと王大妃が人を送り阻止しても儒生等は聞かなかった」[23]という記録がある。儒教を正式に取り入れた朝鮮王朝内部には、従来の信仰と儒教式の儀礼の葛藤があったと考えられる。

また、地方で従来の信仰を断ったのとは別に、従来の民間信仰を「淫祀」としてやめさせようとする中央の動きもたびたびみられる。それらは地方の山々に城隍祠を置く際、集落ごとに「里社」を設け、従来の土着信仰を統合しようとしたと考えられる。詳しくは第2節で述べる。

風水と樹木の保全

朝鮮王朝は、風水の理念に基づいた鎮山を重視して、鎮山の木々の利用は厳しく制限され、とりわけ朝鮮王朝は、マツの伐採を厳しく監視していた（表2）。周知のように「風水」[24]における四神相応は、都や集落の背後の山、前方に海や湖、河川などの水がある「背山臨水」の位置で、「蔵風得水」の場所であれば、その都や村、そして家が繁栄するとしている。風水においては、山や水が重要であり、自然環境の根底に流れる「気」が人間・人間社会に影響するとされる。鎮山の樹木の保全のために官職の中に「四山監役官」、または「四山栽植監役官」が置かれ、罰則の記録が幾世代にもわたって残されている。

朝鮮王朝の中央と地域社会の風水の関わりについて村

[21] 太宗13年（1413年6月8日）「太祖即位之初……尚仍其舊、以行淫祀。太祖已降教旨、但稱某州城隍之神、只留神主一位、山川海島之神……其像設、竝皆撤去、以正祀典。岳鎮海瀆爲中祀、山林川澤爲小祀……」

[22] 「城隍信仰は高麗時代からの現象であるが、朝鮮王朝になって儒教礼制の確立とともに民間の城隍信仰を規制しようとした（p.149）。高麗時代以来、山神信仰と融合した城隍信仰は維持された」（朴ホウオン「朝鮮城隍祭の祀典化と民俗化」『城隍堂と城隍祭』、1998年、p.171）。

[23] 明宗21年（1566年）1月25日「開城淫祠、近來尤盛……焚松岳淫祠、王大妃使中人往止之、儒生等不聽」

[24] 風水について、村山智順（『朝鮮の風水』、1931年、p.748）は、「生気と感応」といい、崔昌祚（『韓国の風水思想』金在浩・渋谷鎮明共訳、1997年、pp.77-78）は、「地中を流れている生気の感応を受けることで、凶を避け福を発する真穴（明堂）を探すこと」という。

表2　朝鮮王朝時代のマツに関する記述

時　代	記述内容（上段は日本語訳）
太宗3年(1403) 四月二十一日	1万人余りを動員して松蟲を駆除した。
	「命捕松蟲。隨出人摠萬餘、使摠制」
世祖7年(1461) 四月二十七日	禁じたマツを1～2株切った者には、100回のつえたたきをする。
	「禁伐松木之法甚嚴。斫一二株者杖一百」　1461年4月27日『経国大典』1985、pp.486-487
成宗12年(1481) 一月二十日	四山監役官に命じてそれぞれの土地に適した植栽をさせる。
	「令漢城府、四山監役官……隨其土宜、多數栽植」
中宗11年(1516) 一月二十八日	景福宮、昌德宮の主山及び来脈……漢城府與四山監役が取り締まる。……違反して家を建てた者は撤去させて罪を治まらせる。
	「景福宮、昌德宮主山及來脈……四山監役檢擧、令觀象監……犯禁造家者、撤去治罪。」
肅宗11年(1685) 九月二十二日	松蟲が酷い……国の諸鎮山で祭を行う……松嶽山は昔の都の鎮山なので、同じく祭を行うことがよい。
	「松蟲轉益熾發……今行禳祀於國鎭諸山……松嶽且是故都鎭山、宜一體行祭。」
肅宗20年(1694) 三月十三日	民に都城の四山の松蟲を捕まらせる願いを出して、また密かなマツの伐採を重ねて禁じて、犯した者は身分を問わず重法を行うことを願い出すと王は許可した。
	「請令民捕都城四山松蟲、且申禁潛斫松、有犯者、卽無論貴賤、輒以重法繩之。上可之。」
景宗2年(1722) 三月二十六日	京城の十里周囲は本府で管轄する禁山ではないところがない。監役官を設置して、禁松を巡検させる。
	「環京城十里、莫非本府所管之禁山。設置監役官、巡檢禁松」

山智順は次のように記述している。「主山、後山を鎮山として、鎮山なき海辺、平野、又は鎮山から遠く隔った所では一本の老樹を以て神木となし」といい、「州にせよ、郡にせよ、都邑であるものは殆どその総てがこの鎮山を有りし、この鎮山の下に集団陽基をなした朝鮮の都邑は、後来の風水説と交渉をなすに極めて好都合なものであった」[25]という。つまり、朝鮮王朝が風水理念に基づいて鎮山を神聖視して樹木を保全したことは地域社会にも影響を及ぼし、集落の後山に祠を立て、入口には1本の神木を定めるといった、いわば「風水」と「信仰」の結びつきが現れた。

25　村山智順『朝鮮の風水』、朝鮮総督府、1931年、p.749。

風水における樹木保全でもう一つ重要な役割を果たしたのが、「裨補(ビボ)」という考え方である。自然環境が風水上欠けた場合には人工的に補完させようとするもので、朝鮮王朝の特徴とも言われる。

裨補説のもとで、朝鮮王朝建国当時から、小高い山や丘を作る「造山」と「植樹（裨補林）」が繰り返された。裨補のためには、主山だけではなく都内外の山まで禁伐とし、耕作も禁じて造山植樹を進めたほどであった。また、風水の理想の場所「明堂」[26]には樹木を植えて、「水口を鎮塞」させることで山の気を培養させた例もある。風水論における「水口防ぎ」が地方の堂山信仰と混ざり合い、集落の入口や風水の場所に杜が作られたと考えられる。村山智順は「守口木(スクモク)」と記しているが[27]、村を守るという意味で一理ある。

26　明堂について崔昌祚は、「青龍・白虎などの砂に囲まれた穴の前の平地で、陽宅風水で重視され、生気が融結している地点」と言及する。(1997年、p.387)。

27　村山智順『調査資料第44輯朝鮮の郷土神社第一部　部落祭』、朝鮮総督府、1937年、p.40。

表3　裨補説に基づく造山と植樹の記述

年　代	記　述　内　容
太祖7年(1398) 二月二十九日	王（太祖）は宗廟の南に作った造山を拝見して喜ぶ。
	「告于宗廟見廟南造山速成喜之」
太宗7年(1407) 四月七日	毎年、正月にマツを植えるように各道に命じた。
	「命各道守令孟春栽松。毎當孟春、守令親監栽植」
世宗30年(1448) 三月八日	洲府郡県に至るまですべて裨補を行い、造山と種木を用いて寛闊な所を補ったものである。……土を築き、山を作り補缺するのは成功しにくいが、木を植えて森を成して鎮塞させると小さい努力で大きな効果を得られる。
	「至於州府郡縣、亦皆有裨補、造山種木、以補寛闊之處……然築土爲山而補缺、則功不易成；種木成林而鎮塞、則事半功倍」
文宗1年(1451) 四月十八日	景福宮は白虎が高峻で、青龍が微弱で……近年、蟲が食い……近隣の無礼な徒らが枝を切り、日々青龍が衰弱する。立標を立てて境界を示す松を植えて山脈を裨補する願いを申すと、礼曹と漢城府風水学に命じて植標を立てるようにさせた。
	「景福宮、白虎高峻、青龍低弱、……近年蟲食……傍近無識之徒、剪伐枝幹。　由是青龍日益殘微、請立標定限、植松以裨山脈。命禮曹與漢城府風水學、同審植標。」
文宗2年(1452) 三月三日	水口には小山を三つ作り、樹木を植えて、水口を鎮塞させる……先人（古人）の方法はマツやエンジュ、ヤナギを植えることである。
	「明堂水口、作三小山、各植樹木、鎮塞水口、乃古人之法也。栽松與槐柳」

❷ 加陽洞城隍祠の宮山

宮山（旧城山）の小岳楼（ソウル市江西区加陽洞山付近）は、最初は1700年代後半に建てられたが廃絶し、1994年に再建された。漢江と遠く仁王山、南山を眺めることができる。かつて軍事的に重要な場所であったとともに、数々の画人が描いた名勝地でもある。夏は涼しく、景観がよいので地元の人々が涼を求めて訪れる。

Ａ 宮山からの眺め
Ｂ 宮山に建つ小岳楼
Ｃ 「広輿図」中楊川県
（1872年、奎章閣所蔵）
「城山」が現在の宮山にあたる。「郷校」が、❸陽川郷校にあたる。

　このように鎮山の木々の伐採を厳しく制限して保全し、風水に適していない環境の場合は、「裨補」の理論で積極的に手が加えられた。現在、鎮山に城隍祠や信仰が残っている例は少ないが、調査地・ソウル加陽洞（カヤンドン）の集落の後ろの城山（クンサン）（現在は、宮山）にある城隍祠をみてみよう。城隍祠が位置する城山は、『新増東國輿地勝覽』（巻10、京畿・陽川縣山川）に「城山在縣北一里鎮山」、「社稷壇在縣西　文廟　在郷校　城隍祠在城山」と記述されている。

　現在、城山・宮山の頂上に城隍祠は位置している。集落の祭で読み上げられる祝詞から、「城隍山之神　維北有山　維山有神　式鎮野邑　克祗居民　凡民有禱……」と鎮山と集落の関わりがわかる。つまり、集落の北側に鎮山・城隍山が位置して、その山の神が平地の野原の集落や人々を見守るという宗教感覚である。城隍神は山の神とは異なるが、同じ場所で祀られ、鎮山の信仰と城隍信仰が融合している。

2 地方の鎮守の杜

「里社」の考察

「里社」は、集落に置かれた土地の神を祀る「社」の制度[28]である。朝鮮王朝建国初期、儒教を教学として取り入れて各地域の郡州の名山には文廟や城隍祠が置かれ、集落には里社を置く措置がとられたとみられる。これは里社に関する記録が、1400年代に集中していることからもわかる。

『朝鮮王朝実録』に現れる里社に関する記述をみよう（表4）。定宗2年（1400年）12月18日の記録からは里社と「淫祀」の関わりがわかる。従来の自然信仰や山岳信仰—淫祀を抑制する際、新しく受容した礼制による里社を取り入れたと考えられる。ただし地方の集落では徹底して実施されることはなかったと考えられる。朝鮮王朝時代初期の記録に現れた里社が、後期の記録では少なく

[28] 李圭景は『五洲衍文長箋散稿・天地篇』「地理類・社坊辨證説」の中で里社について「社者。土地神名……起於古之國社、里社」という。

表4　『朝鮮王朝実録』に現れる里社に関する記述

時　代	記述内容
定宗2年（1400）十二月十八日	礼典の制度「里社」を置き、祀らせると民は従い、淫祀は自然になくなる。 「因古制立里社之法、使民皆得祀焉、則民皆悦從、而淫祀亦將絶矣。」
太宗6年（1406）六月五日	洪武礼制に則り、府州郡県、すべて社稷壇を立てて、春秋に祭を行い、庶民に至るまで社を祀る。 「按『洪武禮制』、府州郡縣、皆立社稷壇、以春秋行祭；至于庶民、亦祭社。」
世宗18年（1436）四月二十五日	外方の百性に里社で祈らせて、また京中の人々も祀戸で祈雨させて……清潔にご飯を作って祈禱させるとそのようにさせた。 「"令外方民就祈里社、又令京中人祀戸祈雨。……精潔作飯祈禱。"從之」
世宗27年（1445）五月六日	旱魃が深刻で霊験高い山川に祈禱を行う。各地の里社で祈るように 「今年亦旱……靈驗山川、亦令所在官致祭祈禱。又令各道人民〔聚〕祈里社」

なる点は、今後注目して考察する必要があるだろう。

では、里社はどのようなものであったか。朝鮮王朝の記述を中心にみていきたい。太宗14年（1414年1月18日）の忠清道都観察使・許遅の記録には次のようにある。

> 州府郡県に社を立てて郷村には里社があり、村の人々は百戸の中に壇を1ヶ所立て、五土の五穀の神に祈禱をする……。祭が終わると次の誓詞を読み上げる。「同里の人々はお互い礼を尊重して、力を持った人が他人を軽蔑しない。貧しい人がいると助ける。3年経っても自立しないと会に参加するのを許さない」……。お互い神明を敬い、睦まじく人情厚いよい風俗に従うこと。各村の戸数、辺郡の地域を分別して40～50戸に一つの社を立てて祭をすべき……[29]（1414年・1月18日）

このように、里社は100戸集まれば1ヶ所に壇を立てて、年一度の祭を行った。祭が終わると読み上げる誓詞には「同里の人々はお互い礼を尊重して助け合う」というくだりがあるとおり、里社は信仰を集める宗教的な場所というだけでなく、集落の秩序を保つ機能をもたせることが中央では意図されたと考えられる。

里社についてもう一つ詳細な記録は許穆（1595—1682年）によるもので、「里社を置く。社には土地に適した樹木を植える。故に古くから栢社・栗社・櫟社という……村ごとに里社を設置して祭祀を終えると、皆集まり年齢順番に飲食して、信義を伴い祖先の恩に応え」という記述からも、里社の設置は集落の秩序を保つ役割も含めて進められたと考えられる[30]。

「朝鮮初期、中央集権化政策を意欲的に推進しようとした意図が反映され、里社制は農耕社会伝来の既存の信仰を里社で代替……農村社会秩序を広めて、儒教的論理で政治の基盤を固めようとした。しかし、里社制度の実

---

[29] 「州府郡縣皆立社、又於郷村有里社、今各道州郡皆立社……。凡各處郷村人民、毎里一百戸内立壇一所、祀五土五穀之神、祈禱雨暘時若、五穀豐登……。祭畢、就行會飲、會中先令一人讀誓。『凡我同里之人、各遵禮法、毋恃力凌辱……。或貧無可贍、周給其家、三年不立、不使與會……。』……和睦郷里、厚給風俗、勸人心之良法。各於郷村、計民戸之多寡、量境地之阻近、或四十戸、或五十戸各立一社而祭之。尚行淫祀、稱爲神堂、別立里中者、一皆燒毀痛理。」〔太宗14年（1414）1月18日〕

[30] 「皆置社。百家爲群。於是有里社。社各植之以土之所宜木。故古者松社、柏社、栗社、櫟社之名。以此凡社其禮用戊……。凡水旱札瘥。皆有禱於社。事神明降祥錫福。非如佛氏妖妄淫昏之鬼也。今令郷約。各置里社。一如古制。毎祀事既畢。里中畢集。以齒序飲。以講信修睦。其於報本反始。事神爲人之方。」（全て「社」を置く。社には土地に適した樹木を植える。故に古くから社・栢社・栗社・櫟社という……。水災、旱魃など伝染病などを社に祈るが、これは神を祀ると祥・福を授かる意味で、仏教で曰く妖妄淫昏の鬼を祀ることではない。今、郷約を規定して村ごとに里社を設置して祭祀を終わる頃、皆集まり年齢順番に飲食して、信義を伴い祖先の恩に応えて神を祀ることに間違いない）許穆（1595～1682年）『記言別集』巻三十七「陟州記事」。

施は推進することはできず、守令の派遣される郡県単位に社稷壇が建てられる程度に留まる」[31]と李海濬がいうように、里社は中央からの推進にも関わらずそれほど定着していなかったと考えられる。

31 李海濬『朝鮮村落社会史の研究』、2006年、pp.156-158。

里社と祝文

里社制度が地方の再編にどの程度の役割を果たしたのか定かではないが、地域社会の側はこれまでの自然信仰が「淫祀」とされたことに対し、それらの神々を城隍神や里社の神であることを示すことで、従来の自然信仰を正当化しようとしたのではないだろうか。この点を堂山の祭で読み上げる祝詞から探りたい。資料としては、主に昭和12年（1937年）朝鮮総督府（嘱託：村山智順）が調査した『調査資料第44輯朝鮮の郷土神社第一部　部落祭』[32]に収録されている祝文を中心に取り上げる（表5）。

表5の大徳郡は「一里社祭祝文（洞祭）」の祝詞にあり、

祝詞　祝文。祭に読み上げる神に告げる文。

32 朝鮮の神についての分類は、山神114ヶ所、城隍神68ヶ所、堂山23ヶ所である。最も多いのは山の神で、堂山と合わせると137ヶ所で、城隍神の倍近くなる。

表5　朝鮮総督府発行『部落祭』(1937年)に収録された各地の祝文に現れる「里社」

地域	祝文	記述内容
鉄山郡	洞祭祝文	「城隍神　里社之神　里稷之神　山川之神　風雲雷之神……」
昌城郡	里社祝文	「山川之神　城隍神　癘疫之神……」
大徳郡	一里社祭祝文（洞祭）	「里社之神維此孟春（随時）若時昭（夏秋冬改以報）事一里康吉百穀豊穣冀頼　神休菲礼将誠惟　神顧歆永尊厥屈尚」
求礼郡	堂山祭祝	「里堂山之神樹以為……」
龍岡郡	城隍祝文	「里社之神里稷之神按管城隍霊山大監全国……」
迎日郡	祝文(1)	「里社之神惟有社之神惟社有神保佑一洞除害……」
迎日郡	祝文(2)	「里社之神伏以古老手植枌楡成行惟神是……」
高興郡	祝文	「里社之神二気良能為徳其盛屈伸合散至……」
醴泉郡	醴泉面洞祭祝文	「国有社稷洞而城隍為民……」
鳳山郡	洞祭祭文	「社稷之神土地之神城隍之神伏惟尊神徳如毛生盛万物一時雨露百穀豊……」
居昌郡	堂山祭祝文	「堂山之神……」

『部落祭』p497、p536、p549、p577、p586、p591、p603～604を引用

昌城郡の「里社祝文」では「山川之神、城隍神……。」と山の神と城隍神が併記されている。中でも龍岡郡の場合、「城隍祝文」に「里社之神里稷之神」と記され、まるで城隍神が里社の神であるかのような文言となっている。

この他、現在行われている堂山祭の祝文にも、「里社の神」はたびたび現れる。例えば、蔚山北区のダルギ堂山には次のような祝文がある。

「里社之神曰有土有人　神其為主……実頼黙佑」[33]

つまり、祝文の中では、土地や人々を見守る「里社の神」と記述していながら、実際には「堂山お爺さん」などと呼称する。里社を進めようとした中央の指示とは異なり、地域社会では「里社の神」として祝文に記述した程度に留まったと考えられる。

[33] この祝文は、韓国のNGO 蔚山生命の森の尹石事務局長から提供いただいたもので、貴重な資料提供に感謝したい。

3 現地調査にみる堂山信仰

では、地域社会における杜の信仰「堂山」を、現地調査に基づいてみてみよう。調査地域は、都市と都市周辺（**1**～**35**：ソウル15ヶ所、慶州20ヶ所）を対象に35ヶ所となった。韓国では、杜の呼称は地域によって異なるが、「堂山ハラボジ（お爺さん）」、「堂山ハルモニ（お婆さん）」と呼ばれる例が最も一般的である。「～お爺さん、お婆さん」という呼び方は台湾とも共通している。

堂山には、周囲に注連縄が張られ、なかには日本の注連縄と類似したものも見られる。カミの木々に聖なる場所の標を施すのは、東アジアに共通といえよう。集落の中の「堂山」の多くは、地域のコミュニティにとって重要な空間でもある。夏になると多くの人々が木陰で涼むために訪れ、ささやかな交流が日々行われる（**❸**）。

堂山の生態的象徴

　堂山の位置は村の入口が多く、調査地のうち６ヶ所がそうであった。ソウルの文井洞(ムンジョンドン)のかつての堂山の位置を想像して描いた図を見るとわかる（❸）。また、村の後山の山すその場合が５ヶ所、これらは田んぼの中である。ソウルの加陽洞の「堂山」は集落の中にあり、「城隍祠」は集落の鎮山である城山の頂上に位置して周囲には松林が広がる。文廟が祀られる陽川(ヤンチョン)郷校がその麓にある。

　堂山の形態は、慶州ではこんもりした森が７ヶ所、特定の１本の中心になる神木があり、杜の前に石の祭壇がある（❹）。また、１本か２本の木だけの場合が10ヶ所であった。これは、村山が「鎮山が遠い集落では一本の老樹を神木となす」[34]と述べているように、１本の神木が鎮山を象徴するように植えられたと考えられる。

　堂山は水と深い関わりを持つ。徳泉(ドクチョン)里は恵みの水が絶えないことで地名にもなった。徳泉里１里は、東洑山(ドンブサン)から流れる地下水脈が通る田んぼの中のこんもりした森が堂山である。かつて東洑山の豊富な水の治水を行ったと伝わる慶州府丑*閔致序の功績にちなんで石碑も建てられている。このように、堂山は風水観念と実質的な水の管理の両者に関わる生態的象徴として守られてきたといえよう。

　また、集落の北側に位置する杜は、伊助(イジョ)１里の森のように防風林の役割もある。村山が指摘[35]したように平地における堂山を、風水的に鎮山とみなして、村落を守る象徴としてもとからあった木々を残存させた、または植樹したと考えられる。

　次に堂山の由来を見よう。現地調査を中心にまとめた表６からみると堂山の由来は地域や場所によってさまざまである。表でわかるように堂山信仰は風水、村の開拓、儒教文化、そして「地域誌」とともに人々の信仰を集め

34 村山智順『朝鮮の風水』、1931年、pp.748-749。

府丑　地方官職のトップ。現在の市長にあたる。

35 村山、前掲書、p.748。

❸ ソウル文井洞の堂山

「文井洞」という名は、朝鮮王朝16代王、仁祖の時、井戸の水がよく、文氏が多いので命名したと伝わる。

A かつての文井洞の復元図。円内が堂山
B 1987年頃の文井洞（写真提供：地域住民）
C 1959年頃の文井洞堂山お婆さん。夏は涼しく、ブランコを楽しむ子供も多かった。地域の人々の憩いの場であることは今も変わらない。（写真提供：地域住民）
D 現在の文井洞の堂山　E 1月15日に行われる祭礼

表6　地域誌と堂山

地域誌の内容	由来がある場所
村を開拓した先祖を祀る及び先祖が植樹した由来。	[6]廉谷洞（ケヤキ）、[20]望星1里（ケヤキ）、[21]・[22]望星2里（ケヤキ）、[31]朴達3里（マツ）、[32]朴達3里（ケヤキ）
歴史や人物などと関わる。	[7]放鶴洞（イチョウ）、[8]陵洞（イブキ）、[9]華陽洞（ケヤキ）、[14]蓮池洞（エンジュ）、[25]伊助1里
防風、水の生態環境と関わる。	[15]文井洞（ケヤキ）、[16]徳泉1里（ケヤキ）、[24]伊助1里、[28]朴達1里、[30]朴達2里（ケヤキなど）
儒教文化、城隍信仰と関わる。	[2]城隍祠（松林）、[3]陽川郷校（イチョウ）
戦争や危機的状況で助かった由来。	[4]元暁洞（ケヤキ）、[13]典農4洞
子安信仰と関わる。	[10]大峙（イチョウ）
地名と関わる。	[15]文井洞、[16]徳泉1里、[17]徳泉2里、[18]徳泉3里

てきたといえよう。

　堂山の樹種を見ると、ソウルではケヤキ5ヶ所、イチョウ5ヶ所、イブキ2ヶ所である。この他ではチョウセントネリコ、マツがそれぞれ1ヶ所認められる。慶州ではケヤキが14ヶ所、エンジュ*2ヶ所、エノキ2ヶ所、マツ2ヶ所、アカシデ1ヶ所である。

　ここで注目したいのは、特定の樹種ケヤキ（ニレ科）が圧倒的に多く現れることである。ケヤキは夏には広がる木陰で人々の憩いの場になり、寒い冬には葉を落として土を肥やすなど、自然と人間社会の共生を象徴する木とされることも多い。また、風水と儒教文化の影響で植樹された樹木があることも興味深い。ただし、文献に現れるこれらの樹木の中には、樹木名が別の木の誤りであるなどの混乱も見受けられる。

・**イチョウ**：儒教文化の書院や郷校などには必ず植えられた。『訓蒙字会』(1527年）には「살고ᇰ と又曰鴨脚樹」と記されている。「살고ᇰ」＝アンズの意味、

> **エンジュ**　マメ科の落葉高木。中国の原産。夏に黄白色の小花が群生して咲き、くびれたさやのある実がなる。建築材に用いられ、花と実は薬用となる。

> **『訓蒙字会』**　崔世珍（チェセジン）(1473～1542)が、日常生活などでよく使われる言葉と関連した3360字の漢字にハングルで音と意味の簡単な解説をつけた初学者用の漢字学習書。

鴨脚樹＝イチョウの意味で、イチョウとアンズを混同して同じものとして記述している[36]。李圭景は[37]「杏壇弁証説」で、「俗名で銀杏、鴨脚樹という。我が国では明倫堂の庭に杏の代わりに銀杏を植えた」とイチョウとアンズを間違ったことを指摘し、イチョウを明倫堂(ミョンルンダン)(儒学の講堂)に植えたことを記述している[38]。「鴨脚樹」の由来は葉がカモの脚に似ていることによるともいう。

- ケヤキ：中国、日本では「欅」と表記するが、韓国の記録では、この字は見当たらない。『訓蒙字会』(1527年)[39]には、ケヤキを「楡」という文字で表して、ハングル文字では「느틔나모」「느틔나무」と書いてケヤキを表記している。『雅言覚非』にも「늣회」「云或謂之亀木……吾人不知楡為何木……」[40] という記述があり、ケヤキは楡(日本ではニレ)という文字が当てられたことがわかる。

- 槐樹（エンジュ）と欅（ケヤキ）：韓国に自生しない「槐樹」は、立身出世につながるとされ、エンジュを村の入口に植えると科挙の合格者が多く出るといわれた。本来韓国になかったエンジュは、李瀷(イイク)(1681～1763年)が述べるように「欅」と混同された[41]。『訓蒙字会』は「회홧귀(フェファックェ)」、すなわち「エンジュ：槐」と記述している。しかし、集落ではケヤキを귀(クェ)とする間違いが今日でもしばしばみられる。「槐」は、中国宋の三槐堂の故事にちなみ、学者の象徴として書院などに植樹された[42]。「樹者、謂所植之木也。天子樹之以松、諸侯以柏、大夫以栗、士以槐」[43] といった記録がある。

このようにイチョウとアンズ、ケヤキとエンジュで、別々の樹種を同一と考える混乱が生じた。とはいえ、今日韓国ではイチョウは儒教文化の象徴、ケヤキはご神木

---

[36] 東洋学叢書第1輯『訓蒙字會』、1971年、p.上十一。

[37] 李圭景（1788～1856）は『五洲衍文長箋散稿』經史篇「杏壇辨證說」で「杏壇之名。出自莊子……孔子遊乎緇帷之林。坐乎杏壇之上云云……俗名銀杏、鴨脚樹也。我東聖廟後明倫堂前庭。環植文杏。亦稱杏壇云爾」と書いた。

[38] 杏と孔子の関わりは、孔子が杏壇(きょうだん)の上に坐し、弟子に講義をしたという『荘子』にある故事から出た。朝鮮では誤って、聖廟の後方に銀杏を植えて、杏壇の代わりとするようになった（丁若鏞著、細井肇訳編『雅言覚非』、1922年、pp.13-14）。

[39] 東洋学叢書第1輯『訓蒙字會』、1971年、p.上十。

『雅言覚非』 朝鮮時代実学の偉人、丁若鏞（1762～1836）が、当時みられた漢字の使用の誤りを正すために、1819年に著した語源研究書。韓国の俗語の語源の誤りや使い方が曖昧な漢字について考証している。

[40] 崔南善『雅言覚非』、朝鮮光文会、1912年。

[41] 李瀷（1681～1763年）『星湖僿説』4「萬物門」。

に最も適した樹木として定着している。

堂山の祭

地域社会における祭の事例として、ソウルの加陽洞(カヤンドン)[44]と文井洞(ムンジョンドン)の２ヶ所を取り上げたい。

加陽洞の城隍祠は、集落の後ろの鎮山、宮山（旧城山）の頂上（加陽洞山８-４番地）に位置している。宮山の頂上は、漢江(ハンガン)が見えて江西区一帯が眺望できる展望台があり、美しいところであるが、かつて軍事的に重要な場所であったという。城隍祠は、すでに1530年の記録に「城山在県北一里鎮山」や「城隍祠在城山」[45]と記された歴史があり、現在の城隍祠は2005年に住民が経費を共同で出し合って再建した。祠の中には「城隍之神位」の位牌が安置されている。「都堂お婆さん」と呼ばれた女神であるが、山の神との融合と考えられる。

祭は、旧暦10月１日に「山神祭」、「城隍祭」の両方が行われる。まず、「山神祭」から行って、そのあと、城隍祭が行われる。「山神祭」の場所は、城隍祠のすぐそばに臨時の幕を張り、屏風を立てて祭壇を設ける。以前は、祭の前夜（夜12時）に行ったが、今は10月１日朝になった。堂主は集落の中で１年間凶事がなかった人から順番で一人を決める。供え物は、「山神祭」には豚の頭を使うが、「城隍祭」には豚肉を供えるのが決まりである。その他、餅、お神酒、キムチ、塩、豆腐、栗、棗(なつめ)などである。祭の順番は、参神祭拝⇒焚香(ふんこう)⇒初献礼⇒読祝(どくしゅく)⇒亜献⇒終献礼⇒焼紙⇒飲福(いんふく)である。

ここで注目したいのは、神に捧げる祝文にあたる「山神祭祝」と「城隍堂祝」の内容である[46]。まず、「山神祭祝」は次の文を読み上げる。

　　城隍山之神　　維北有山　　維山有神　　式鎮野邑
　　　（城隍山の神様　北には山があり　山には神様が　野原の村

---

[42] エンジュは中国では尊貴の樹とされる。五雑俎（巻十）に「槐は虚星の精昼合つて夜開く、故其字鬼に従う、然るに周礼の外朝の法三槐に面して三公の位を為す、王荊公が解に槐は中を黄にして其の美を懐く、故に三公之に位す」とある。中国の周の時代、朝庭に三株の槐を植え、三槐に面する三公の位を槐位という。三公とは太師、大伝、大保で、三公の位を槐位という。槐の開花する季節、進士は試験に忙しく、「槐は花黄にして挙士忙しい」という句が生まれた（上原敬三『樹木大図説』Ⅱ、p.471）。

[43] 中宗24年（1529）11月14日。

[44] 祭の内容は、集落で記述した小冊子『致誠備要』（1926年）と祭礼を撮影したDVDを参考にした。

[45] 1530年、朝鮮王朝によって編纂された55巻に及ぶ地理の本『新増東國輿地勝覽』第10巻で、京畿・陽川縣には「山川」条に記述されている。

[46] 「維歳次某年某月某朔某日干支某等敢昭告于／城隍祠之神　巴江北廻　日有障祠叢怪林魅」素之則怒山立秀明　維神亦霊　指揮如掌　康之則色　如影如響　歳月愈深　有禱輒応壤灾臻祥　以下省略……」。

を鎮める）

次に「城隍堂祝」は次のように読み上げる。

城隍祠之神　巴江北廻　曰有隍祠　叢怪林魅[47]
（城隍神　巴江が北にめぐり　ここに城隍祠があり　森が美しい）

「山神祭祝」でわかるように集落の北側の山々にはカミが鎮座して、人間がすむ野原の集落を見守ると述べられており、これは風水の空間感覚と宗教感覚を表す。

また、同じ鎮山に城隍神、山神を祀ることは城隍祠と山神とが融合されているといえよう。祭が終わるとその場で直会(なおらい)をした後、残った供え物は山の土の中に埋めるのが決まりである。すべての儀式が終わると集落を一周する「地神踏(じしん)み」＊の農楽隊による賑わいがある。

現在、この集落には「陽川歴史保存会」が結成されて、毎月第3土曜日に城隍祠を開放して、参拝の人々を迎えて案内している。また、周囲の掃除を行うなど城隍祠の保全に積極的に努めている。また、城隍祠の一角には韓国で最も有名な女流詩人、黄珍伊(ファンジンイ)の詩をパネルにして誇らしく揚げている。

残墻不存神像古、村民歳歳賽報祭
（城墻に神像も残っていないのに、村人は毎年祭(じょうしょう)を行う）

続いてもう一方の文井洞の堂山祭を見よう。朝9時頃に集まり、祭儀に直接参加する5人は祭儀用の白い服装に着がえる。この地域は、道路をはさんで少し離れて立っているお爺さん堂山とお婆さん堂山の2ヶ所に同時に祭壇を作って供え物をする。供え物は、大きな豚の頭、餅、干し明太魚（タラ）、ナムル、果物、お神酒などである。式が始まると祭官はカミに感謝と祈りを捧げる祝文

47 資料は加陽洞地域の提供で祭祀の際の供物、順番や祝詞等が書かれた「致誠備要」（1921年）である。

地神踏み　韓国で、正月初めに農楽隊が家々を訪問して厄除けを願う民俗。正月初めに行われ、だいたい正月3日から14日の間に農楽隊が家々を訪問し、難鬼を追い払い祝願する。

を読み上げる。そして、儒教式の厳粛な拝礼を行う（❸）。祭礼が終わると、神に捧げたものを皆で共食する「飲福」（福や幸せを食べるという意味）が始まり、お供えの餅や酒などが参加者に振る舞われる。中心地に位置することもあり、地域の人々数百人に御馳走が振る舞われる。

そして、文井洞青年会と郷土会の主催で「ケヤキのコユ祭」が行われる。地域の有志や行政の人々も加わり、ささやかな交流の場がもたれる。前年度の地域での公労者に対し賞状が与えられるなど、一年で最も賑わう日である。

以上、ソウルの加陽洞と文井洞の祭をみた。両地域の事例で注目したいことは、ともに現在の地域社会における住民の交流の場として堂山祭を行っていることである。

農耕社会における祭は、本来、季節の循環に合わせて人間社会も融和すると考え、穀物の成長に対して祈りを捧げるものである。エリアーデが「永遠回帰の構造」[48]と述べるように、人間社会と自然環境は分かたれたものではなく、一つのつながりであることを再認識する時間でもある。社会や生活環境が変化し、かつての宇宙循環のリズムに合わせた祭の意味合いが薄れていくなかで、なおも持続されている地域社会のささやかな交流の場と時間は、今後、民俗文化の再生のための何らかの手掛かりになるだろう。

4 堂山の持続保全

都市化と自然

韓国社会は、高度成長期の1960年代に、大きな変換期を迎えた。国をあげた近代化とともに、人口の都市への移動などで、多くの村の祭がなくなり、杜も伐採など

[48] エリアーデは、「聖なる暦は毎年同じ祝祭を繰り返す」（1998年、p.99）と儀礼の回帰の普遍性に言及し、「宇宙は周期的に自ら更新する生きた有機体である。宇宙のくり返し再生するその能力は樹木の生命にその象徴的表現を見出す」（1998年、pp.140-143）という。

樹木信仰とは、清らかな自然に聖なるものを見出す文化において、季節の循環と樹木が新たな生命を育むことを単なる客体としてとらえるのではなく、その生命力にカミを見出す文化ともいえよう。

で消失していった。そして、ソウルのような大都市では、土地の所有権が大きな問題となっていった。

かつて、韓国ではどの集落にもあったと言われる堂山はほとんど消失しつつある。1960年代以来、韓国は国をあげて近代化を進めてきた。いわゆる「セマウル（新しい村）運動*」と農村人口の都市への移動などにより、伝統的な祭が消滅し、堂山も衰退・消滅したと言われる[49]。

このような堂山やマウルスップ（村の森）の消滅による「伝統の断絶」と「都市化」において、韓国の場合は国が伝統を否定する大きな役割を果たしたといえよう。一方、台湾では同じように近代化が進んだ時期、国の支援によって民間信仰はかえって繁栄するという現象がみられた。韓国では近年になって、都市で失った自然を取り戻そうとする活動がソウル市などで積極的に進められている。一度失った自然を復活させるには莫大な費用と労力が必要となるため、課題も多い。

ここでは、都市（ソウル）と地方（慶州）の杜の保存と消失の事例から、これからの杜の持続保全に関する手掛かりを探りたい。

第3節で紹介したとおり、ソウル市文井洞の入口に堂山お爺さん、お婆さんの木（❸）がある。神木はかつて、勝手に登ることも許されず、年齢別の木登り規則が存在した。夏の暑い日は人々の憩いの場でもあった。2006年から神木のすぐ隣合わせに、役場の新築工事が計画され、神木も根元が傷つけられるなど、危険にさらされた。

これに対し、地域の住民たちは猛烈な反対運動を展開し、連日マスコミに報道され、役場は計画を白紙撤回した。杜の保全運動が成功してから行われたのは、新しい祭の創案であった。旧暦5月5日の端午節に地域の数百人が参加して大きな賑わいをみせた。

次に慶州の事例をみよう。慶州市内南面徳泉2里には、樹齢数百年の神木を中心にこんもりした杜があった。

セマウル運動　1970年代に朴正煕大統領が全国規模に拡大した農村の近代化運動のこと。朴大統領自ら作詞作曲した「セマウルの歌」(「초가집도 없애고 마을길도 넓히고 너도나도 일어나 새마을을 가꾸세 살기좋은 내마을 우리힘으로 만들자」：藁葺きの家もなくして　村の道も広げて　皆起き上って住みよい我が村を　我らの力で作ろう）は、放送や拡声器を通じて毎日のように流されたのは、筆者も記憶にとどめている。この歌に表されているように、当時は古いものを捨て去ることに抵抗がなかったといえよう。

[49] 1980年代、大都市では土地の価値高騰と樹木の土地の所有権が大きな問題となる。宅地の拡大は都市に存在した自然の消滅に拍車をかける。また、キリスト教徒が増加したことも「堂山消失」に無関係ではない（李春子「東アジアの鎮守の杜と持続」京都大学人間・環境学研究科、博士論文、2003年）。

韓国の鎮山と堂山信仰

2003年のソウルと慶州、釜山を結ぶKTX（韓国高速鉄道）の工事で堂山の神木は樹齢数百年にも関わらず当時、保護樹に指定されていなかった。地元では堂山を残そうとする声があったが、土地は役場の所有であったため、ソウルのように積極的にメディアを利用した保全運動も行われることなく、伐採されて跡地の上に線路が建設された（❹）。

　この2例から、堂山は地域社会、そして行政との関わりで存続のあり方が大きく左右されることがわかる。今後、堂山を持続的に保全するためには、こうした過去の成功と失敗の事例を生かしていくことが重要であろう。

行政と民間団体における老巨樹保全

事例1　ソウル市の「亭子マダン」計画と持続保全

　都市化による自然の消滅に危機感をもったソウル市は、1990年後半から行政主導で、都市に自然を取り戻す計画を推進した。その代表的な例が約400億円をかけて高架道路を撤去して復元された清渓川である。そして、ソウル市青い都市局では、保護樹の生態環境を改善・保全して、住民の憩いの場所として公園化する「亭子マダン」計画に取り組んだ。そのうち、反響の大きい事例を見ると表7のとおりである。

　亭子マダンの費用は1ヶ所数十億ウォンという大規模なもので、その8割近くの費用をかけて市は土地を買収して公有地としたのち、建物を撤去して公園を造った。1998年から2010年までに25ヶ所が完成した。樹木の生態保全とともに都市の公園不足が解消され、小公園として活発に利用されている（❺）。計画の名称にもなっている「亭子」とは、四方を吹き放しにした小さな建物、日本でいう「あずまや（亭子）」のことで、公園内の憩いの場となっている。

　このように私有地の土地を公的にしたこと以外で、「亭

清渓川　ソウル市内を流れる川。1960年代に水質汚濁が進み、1971年、暗渠化した上に高架道路が完成した。しかし、2000年代には元の川に戻したいとする世論が高まり、老朽化した高架道路を撤去して河川を復元、水質浄化と親水施設の整備が行われ、現在は市民の憩いの場となっている。

❹ 都市化と杜の対立—韓国の事例

樹齢約300年のケヤキが、韓国高速鉄道の建設で伐採されてしまった。
保護樹には指定されていなかった。

A 杜があった場所の上を、現在は高速鉄道の通る。
B 新たに設けた堂山を祀る。

表7 「亭子マダン」計画による保護樹の周囲の整備

(ソウル市青い都市局の資料に基づいて作成)

No.	場所	樹木	面積	実施内容	造成年度
①	東大門区典農3洞	イブキ	1,020㎡	土地購入、亭子設置、松等約70株植樹。	1998年、2005年
②	中浪区面牧洞	ケヤキ	634㎡	土地購入、亭子設置、植樹。	2005年
③	瑞草区盤浦4洞	イチョウ	1,191㎡	土地購入、六角亭設置松など77株植樹。	2005年
④	道峰区放鶴洞	イチョウ	1,433㎡	土地購入、亭子設置。	2008年
⑤	瑞草区廉谷洞	ケヤキ	380㎡	土地購入、小公園を作る。	2008年
⑥	廣津区華陽洞	ケヤキ	2,454㎡	2005年に道路をなくして周囲を整備。	2007年

子マダン」計画で注目すべき取り組みとして、保護樹の周りに森をしていることがあげられる。保護樹は老木で単木が多く、台風などの自然災害を受けやすい。周囲に豊かな森を作ることは、これらの自然な保全につながるといえよう。持続的な保全のためには、行政における支援―条例による措置など―と地域社会の関心は重要な要素である。

韓国では、山林法47条の保護樹の指定があり、ソウル市では213本が指定されている。そして、2009年9月13日、保護樹条例が通過して2010年3月1日から施行された[50]（巻末資料の条例参照）。

その内容を見ると、保護樹の保全に大きく寄与する項目がある。まず、第6条の保護樹の維持管理費用の支援、第8条都市計画事業などで保護樹の損傷や伐採を禁止する項目は重要な点である。特に、④の保護樹の生育空間の確保のために土地を買収できるという項目は画期的といえよう。そして、第10条の定期または随時点検の実施なども保護樹の維持管理に大きな役割を果たすものと思われる。

[50] 行政と地域社会の相互に働きかけるために、筆者は2008年度ソウル市の保護樹のマップ作りに取り組んだ（❻）。当時、運動を広げた元ソウル市議員金元泰氏は「堂山に来ると魂が清らかになり、胸が暖かくなる（당산에 오면 정신이 맑아지고 가슴이 따뜻해 진다）。数百年伝わった伝統をこの世代で断絶するわけにはいかない」と、堂山に対する思いを語った。この成果物はソウル市保護樹条例を作るきっかけにもなった。

❺ 都市の自然再生
  ―韓国「亭子マダン」計画

2000年前後：保護樹の場所創出（1ヶ所50億～100億ウォン）

A 亭子マダン計画の前。樹木の周囲に住宅が囲んでいる。
B 亭子マダン実施後。周囲の住宅を撤去して、小公園化した。（写真2点とも提供：ソウル市青い都市局）

❻ ソウル市の保護樹マップと慶州の村の杜パンフレット

古い木の前に立つといつも新鮮で清らかだ。
遠い昔、お爺さんお婆さんの時からこの地を守って来たその温もりを感じる。
古い木の下に立つと、過ぎゆく風に昔話が聞こえて私たちの記憶も次々と蘇る。
自然とともに生きて来た先人たちの息吹が木の枝にかかっているようだ。
先祖の命の息吹を深く刻んだここに込められた私たちの魂を未来にそのまま伝えるべきではないだろうか。

A 大切な木々（ソウル市の地図表紙）
B 慶州の村の杜（パンフレット）

事例2 「NGO蔚山生命の森」と「老巨樹会」における老巨樹保護活動

1999年に創立された「NGO蔚山(ウルサン)生命の森」は、蔚山地域の自然環境保全活動を活発に行い、現在会員数は1250名、そのうち企業団体会員35機関が関わっている韓国屈指のNGOである。NGO蔚山生命の森は、1999年には15本だった保護樹の指定を、2011年現在63本に増やして保全につなげた。保護樹の指定を受けると行政の支援や地域社会の意識が高まるので、老巨樹の積極的保全につながる。2003年には『蔚山の老巨樹』写真集を発刊して、2006年から毎月写真集に収録されている木々を訪ねて、じかに観察したり肥料を与えるなどの保護活動を40回以上行った[51]（❼）。

このような持続的保全活動は、個々人のみならず、企業の社会貢献を導いた。それら企業が社員による自然環境の継続的な保全活動を支援したことが、地域社会の老巨樹の保全に貢献し、その成果は行政の積極的関わりを

51 「NGO蔚山生命の森」2011年活動報告書参照。

うながした。

　また、「老巨樹会」は、1991年に老巨樹の保全を広く社会に根付かせることを目的に設立された。毎月、メンバーが集まり老巨樹を訪問しているほか、毎年6月6日、全国各地にある国のために戦士した義兵の慰霊としてハマナス（韓国語：海棠花（ヘダンファ））を植える運動や、7月7日に伐採や枯死の危機に直面している老巨樹を救済する活動も行っている（❽）。

❼ NGO蔚山生命の森の活動

写真2点とも提供：尹石（NGO蔚山生命の森事務局長）

1999年創立のNGO蔚山生命の森は、2006年からサムスンHanuri家族ボランテイア団とともに毎月老巨樹を訪ねて、その状態を観察し、必要であれば肥料を与えるなど積極的な保護活動を行っている。

韓国の「老巨樹会」は、水没の危機にあった樹齢600年余りのケヤキの救済に乗り出し、移植によってその姿を守った。毎年7月7日にマッコリ酒を注ぎ、ささやかな祭を行う。

❽ 老巨樹会の救済活動

写真提供：姜基縞（韓国老巨樹会）

5 まとめ

　前半では、韓国の鎮守の杜を広義にとらえて、朝鮮王朝における鎮守の杜と地域社会の結びつきを考えるため、手掛かりを「鎮山」と「風水」に求めた。まず、朝鮮王朝時代、儒教的祭祀の整備が進む中で、社稷、文廟とともに城隍祠を置くことが中央から広がり、多くの鎮山に城隍祠が置かれた。そして、従来の土着的な自然信仰と城隍信仰が混合していく際、城隍祠と鎮山の神を祀ることとは別であると認識されながら、その併置が受け入れられたことを文献の記述を中心に取り上げた。

　朝鮮王朝が儒教を正式に取り入れて、「淫祀の禁止」を行ったことで儒教的祭祀と従来の土着信仰との間に葛藤が生じた。従来の民間信仰―自然信仰や堂山が「里社」として統合されようとした過程である。地方の山々に城隍祠を置くと同時に、集落の堂山は里社とみなされていったが根づかず、鎮守の杜や神木を従来どおり「堂山お爺さん」などと呼びながら、祝文に「里社の神」と記すに留まったことを取り上げた。

　現地調査における考察では、ソウルと慶州の実態を明らかにするため、堂山がどのような植生であるかを明らかにした。つづいて、持続保全に焦点を合わせて、都市に自然を取り戻した事例を中心に検討した。

　そして、ソウル市の保護樹条例に現れる樹木保全の項目を取り上げた。このように近年の動きは、人間社会と自然環境はそれぞれ独立したものではなく、一つのつながりであることを再認識する機会となっている。今後、堂山や保護樹をどのように保全して行くかは、行政による支援と地域社会、そして研究者も含めた社会全体の多様な取り込みのあり方にかかっている。

韓国の鎮山と堂山信仰

B

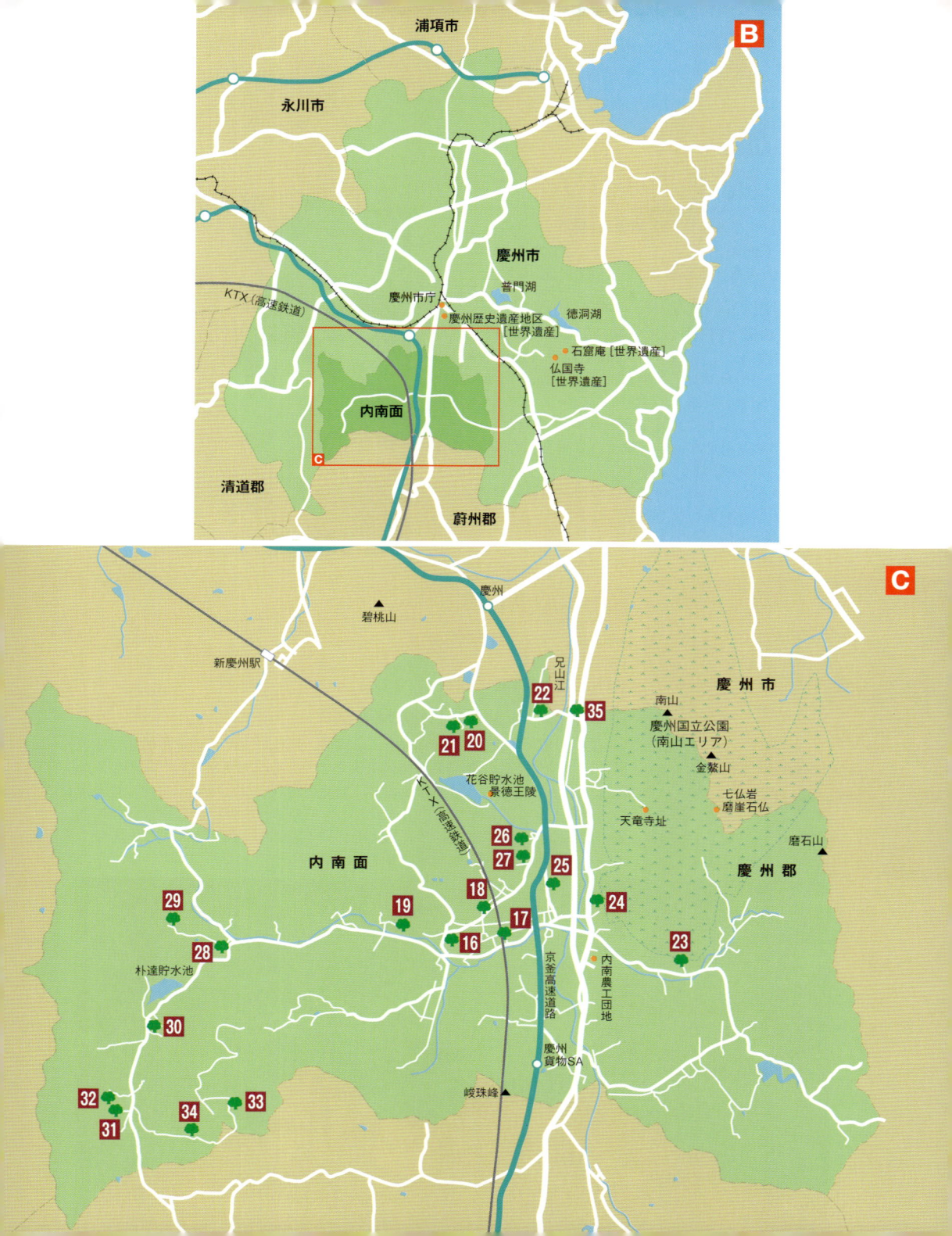

浦項市
永川市
慶州市
KTX（高速鉄道）
慶州市庁
普門湖
慶州歴史遺産地区[世界遺産]
徳洞湖
石窟庵[世界遺産]
仏国寺[世界遺産]
内南面
清道郡
蔚州郡

C

慶州
碧桃山
新慶州駅
兄山江
22
35
慶州市
南山
慶州国立公園（南山エリア）
金鰲山
21 20
花谷貯水池 景徳王陵
七仏岩 磨崖石仏
天竜寺址
磨石山
26
27
25
内南面
慶州郡
19
18
24
29
17
28
16
23
朴達貯水池
内南農工団地
京釜高速道路
KTX（高速鉄道）
30
慶州寶物SA
32
34
33
峻珠峰
31

ソウル市

韓国の鎮山と堂山信仰

1 加陽洞・城主井戸のイチョウ
（カヤンドン）

【所在地】ソウル市江西区加陽洞146-5
【樹種】イチョウ
【祭礼】旧4月～5月吉日　　【指定】So16-7

地域住民の誇りとなった名木

【位置・由来・特徴】漢江の横、加陽洞の十字路近くの小高い丘にある。神木の前に城主井戸の跡の看板がある。このイチョウは、山水画の巨匠・謙斎 鄭敾（キョムジェチョン）によって宗海庁潮の小岳楼（1741年）に描かれた名木で、地域住民の誇りと言われる。陽川歴史保存会で毎年4月～5月の吉日に致誠祭を行い、マッコリ酒をイチョウの周囲に撒く。「寒山暮鐘」説話（子をヘビから助けてもらったカササギが、男の危険を鐘に頭をぶつけて村人に知らせた）の木とも言われる。

2 城隍祠

【所在地】ソウル市江西区宮山
【樹種】マツ林
【祭礼】旧10月1日　　【指定】なし

都堂女神―お婆さんを祀る城隍祠

【位置・由来・特徴】「関山・宮山」の頂上、郷校の上に位置する松林の中に城隍祠が位置する。都堂お婆さんを祀る。『新東国輿地勝覧』（1530年）の記録にもある由緒ある城隍祠である。祭りの祝詞には「城隍山之神　維北有山　維山有神　式鎮野邑……」と読み上げられるように、城隍祠は集落の北側の鎮山に鎮座するとされる。伝統的共同体組織の「契」が組織されて祭りの一切をまとめるなど、地域のコミュニテイを誇るところである。

3 陽川郷校(ヤンチョン)

【所在地】ソウル市加陽洞郷校
【樹種】イチョウ7本
【祭礼】旧2月、8月初丁日
【指定】なし

孔子を祀った郷校のイチョウ

【位置・由来・特徴】宮山の中腹に位置する。ソウルで唯一残った郷校(朝鮮王朝時代の中学校にあたる)で、1411年の創建。郷校の教育機関だけではなく、孔子、孟子など歴代儒教の聖人らを祀る文廟「大聖殿」が郷校の背後に位置する。毎年、春秋(旧2月、8月初丁日)に盛大な祭礼(文廟祭)が行われる。

4 元暁洞心遠亭(シムウォンゾン)

【所在地】ソウル市龍山区元暁洞4街87-2 【樹種】ケヤキ5本 【祭礼】現在は途絶 【指定】So 3-2

日本と明が休戦講和を結んだ地に立つ

【位置・由来・特徴】竜山文化院横、小高い坂のような場所にある。かつて遠くハンガンが見え、景色が絶景であったという。文禄・慶長の役(壬辰の乱：1593年)で日本と明が休戦講和を結んだ所と言われる。日本の将軍小西行長と明の高麗子孫の将軍李如松が談判した地で「心遠亭倭明講和之処」という碑文と、その時、記念に植樹したと伝わる木々が茂る。朝鮮王朝末期の高宗(ゴジョン)の時、首相趙斗淳(チョドウスン)の別荘地であった。現在も鬱蒼と茂る森は公園になっており、運動用具も整備され、住民の憩いの場になっている。老木の下に石の祭壇がある。

韓国の鎮山と堂山信仰

5 盤浦4洞

【所在地】ソウル市瑞草区盤浦4洞68-2
【樹種】イチョウ
【祭礼】10月1日　【指定】So22-6

「イチョウが泣く」伝承の不思議な木

【位置・由来・特徴】盤浦4洞の住宅街の中に位置する。後山のお爺さん・お婆さんのナラガシワの木を先に祀ってから、盛大な祭を行う。都心の中に形成された1000坪余りの小公園で、横に敬老堂が設けられ、隣近住民のコミュニケーションの場所ともなっている。毎年、祭の費用は地域住民が出し、数百人が参加して盛大に行う。交通量の多いソウルでこの村だけは事故がないのはこの堂山のおかげだと、地域住民は誇る。祭を行わないとイチョウが泣くという言い伝えがある。

6 廉谷洞

【所在地】ソウル市瑞草区廉谷洞56
【樹種】ケヤキ2木
【祭礼】旧10月1日
【指定】So22-18

樹下で昌寧曺氏の子孫が祀る

【位置・由来・特徴】廉谷洞の山の麓に位置する。この地域はかつて昌寧曺氏の集成村（同じ姓の者たちが住んだ集落）だったという伝承があり、その子孫たちが祭を行う。今は使わないが、樹下に村の共同井戸がある。2008年、亭子マダン計画で新たに整備された。

7 放鶴洞

【所在地】ソウル市道峰区放鶴洞546　　【樹種】イチョウ
【祭礼】旧1月15日　　【指定】So10-1

人々から神聖視されるイチョウ

【位置・由来・特徴】遠く北韓山が見える山麓に位置する。神木のかたわらには燕山君(ヨンサングン)（李氏朝鮮第10代国王）の墓がある。ソウル市で一番大きいイチョウで、国や地域の危機が起きる際、予徴として不可解な現象が起こるとされ、地域住民が神聖視している。イチョウの横に約600年前、尹氏の村があって生活用水で使った共同の井戸がある。保全のため、2008年に多額の費用を投入して周囲の建物を撤去、公園を造成したので、新聞などで話題になった。

8 陵洞

【所在地】ソウル市廣津区陵洞369-12　　【樹種】イブキ
【祭礼】旧2月1日、10月1日　　【指定】So5-3

かつて緊急時の知らせ鐘があった

【位置・由来・特徴】順命皇后の裕康園があった場所で、峨嵯山の山すそに位置する。昔、一部姓たちが集まって住む村だった。かつては大人一抱えほどの木々があり、冬期にお供えの食べ物を捜しに来るキツネもいたという。イブキのそばに「知らせ鐘」があり、村に緊急なことが起きた場合に鳴らすという。春・秋の2回、盛大な祭が行われる。

韓国の鎮山と堂山信仰

⑨ 華陽洞

【所在地】ソウル市廣津区華陽洞110-34
【樹種】ケヤキ　7本
【祭礼】旧1月15日　農楽隊、祭
【指定】So 5-13

農楽隊を結成して行われる地神祭

【位置・由来・特徴】華陽洞役場の前に位置する。世宗大王（1397～1450年）の別荘華陽亭があった所で、地名の由来になった。朝鮮王朝の悲劇の王、端宗(タンゾン)が世祖3年（1457年6月）寧越(ヨンウォル)に幽閉される際、この地で休んだ記録がある。朝鮮初期から耕作を禁止させたという記録が『朝鮮王朝実録』にある。2008年、貫通していた道路をなくして周囲を整備し、広く造成された憩いの場になっている。2009年から農楽隊が結成され、地域の安定と平和を祈る地神祭などが行われている。

⑩ 大峙

【所在地】ソウル市江南区大峙 9759-8
【樹種】イチョウ
【祭礼】旧7月初旬　【指定】So23-2

子授けと平和を守るイチョウ

【位置・由来・特徴】大峙洞の住宅街に位置する。地名である大峙は「大きい峠」という意味である。イチョウの下に霊産壇という碑文があり、子授けを願う婦人たちが祈ればかなうと言われる。昔あるお婆さんが竜門山で祈って帰る途中、杖を地面にさすと葉が生えて木が伸びた。これを霊妙に思い、地域の人々が祭祀を行ったところ、村が平和に安定したという。　↓写真提供：張敬天氏

⑪ 面牧洞

【所在地】ソウル市中浪区面牧洞213-5
【樹種】ケヤキ
【祭礼】不明
【指定】So 7-12

今も昔も憩いの場所

【位置・由来・特徴】住宅街の密集した丘に位置する。20世紀初め、遠路を行く官職の人が、必ず御輿を降りてこの地で休んだという。近年、周囲の住宅を撤去して造成した公園は、子供の遊び場と地域住民の憩いの空間となっている。

⑫ 先農壇 （ソンノンダン）

【所在地】ソウル市東大門区祭基洞274-1
【樹種】イブキ
【祭礼】旧4月吉日　　【指定】天然記念物

王自ら豊作を祈った遺跡跡のイブキ

【位置・由来・特徴】先農壇は太宗14年（1414年6月13日）から歴代の王が豊作を祈る祭祀として、王自ら農耕を行った農耕文化の象徴的遺跡である。歴代の記録に、中宗10年（1515）「上祀先農、耕籍田」、明宗8年（1553）「親享先農、親耕籍田」、光海4年（1612）「親祭先農、親耕籍田」、肅宗30年（1704）「夜二更、上乗小輿、詣先農壇」、英祖8年（1732）「上幸先農壇、爲禱雨也」正祖5年（1781）「先祀于先農……乃登農夫、勞以社酒」などがある。1908年に神位を社稷壇に移してから中断されたが、1979年から地域住民が祭りを復活させた。2012年、隣接した子供公園をなくして周囲に植林事業を行い、先農壇博物館も建設予定で全体を再整備する計画である。今日、韓国の食べ物のソロンタンの由来になったとも言われる。イブキは、先農壇が建てられた時に植えられたと伝える。

← 朝鮮時代の「文人石像」は、イブキの方向を向いている。

→ 豊作や水の恵みを祈る先農壇の祭。王が乗る御駕行列（約200人前後）から始まり、祭礼終了後にソロン湯の振る舞いなどもあり、数千人の地域住民も参加する。王に扮するのはおおむね東大門区長であるが、農林省長官が務めたこともあった。（写真提供：東大門区）

137

韓国の鎮山と堂山信仰

⓭ 典農4洞府君堂（プグンタン）

【所在地】ソウル市東大門区典農4洞272-1　府君堂
【樹種】チョウセントネリコ
【祭礼】旧10月　【指定】So 6-3

民族の歴史とともに生きた樹木

【位置・由来・特徴】朝鮮王朝建国を助けた開国功臣、趙胖を守護神として1438年前後に造られた。「典農」は、王が直接農業をした土地であることに由来。現在の建物は、1999年に新しく造られたもので、府君堂、富降殿とも称する。チョウセントネリコの木は「城隍神」で、以前近くにあった城隍神を移転したものという。日本統治期、朝鮮戦争の際、ここに避難した人は無事だったという。まさに民族の歴史とともに生きた神木である。以前、この神木の枝を切った管理人はすぐ亡くなったという。毎年10月に盛大な祭がある。

⓮ 中央高校のイチョウ

【所在地】ソウル市鍾路区桂洞1
【樹種】イチョウ　【祭礼】廃絶　【指定】So 1-14

由緒ある高校の正門に残された地域の守護神

【位置・由来・特徴】中央高校の正門に位置する。中央高校は1908年、畿湖興学会（1908年、地域の教育の発展ため設立された）が愛国救国という趣旨で設立した由緒ある学校である。イチョウの下にある看板によれば、かつてこの地域の守護神として毎年、秋になると五穀を供えて祭を行ったという。この学校は、人気ドラマ『冬のソナタ』の撮影地としても知られている。

← 写真提供：張敬天氏　　　↑ 写真提供：中央高校

15 文井洞（お爺さん、お婆さん）の堂山

【所在地】ソウル市松坡区文井洞21-7　【樹種】ケヤキ2本　【祭礼】1月15日　【指定】So24-23

人々の神聖観が生き続けるケヤキたち

【位置・由来・特徴】文井洞役場の後ろ、住宅街の密集した場所に位置する。写真の左手前がお爺さん、右奥がお婆さん。村の名前は朝鮮王朝時代、仁祖が村を通る時、井水がおいしく文氏が多いことを知って「文井」という名前をつけたと伝える。神木を神聖視して枝や葉を持って帰ると災いがあるとされる。端午節には農楽隊の出る楽しい祭もある。役場の新築計画で伐採の危機があったが、地域住民の強烈な反対で計画が白紙となり、新聞などで話題になった。

↑堂山祭のお供え。ブタの頭（口に紙幣をはさむ）、果物、餅、酒、ナムル、ナツメなど。

慶州市

韓国の鎮山と堂山信仰

16 古堂樹森(コダンシュ)

【所在地】慶州市徳泉1里
【樹種】ケヤキ17本、マツ2本
【祭礼】旧1月15日　【指定】なし

東㳒山の豊富な地下水脈に繁る古堂樹森

【位置・由来・特徴】徳泉1里集落の前の水田の中の小高い丘に位置する。かつて治水を行った慶州府丑関致序の功績を称えた「府丑関相公致序永世佛忘碑」と刻まれた石碑(1879年立)がある。東㳒山の豊富な水が地下水脈として流れる地点で、風水の意味を込めて作られた森とも言われる。

17 徳泉2里の堂山(トクチョウン)

【所在地】慶州市徳泉2里、辛乙
【樹種】ケヤキ5本、エノキ2本
【祭礼】旧1月15日
【指定】なし

場所、形を変えながらも生き続ける堂山

【位置・由来・特徴】もとの堂山は少し離れたKTX線路の下に位置した。樹齢数百年のケヤキの神木林もあったが、2003年、KTX線路の建設で伐採された。新しく集落の入り口の森を堂山として祀るようになった。夏は涼しく、亭の中に常に人々が集う憩いの場所になっている。

18 徳泉3里の堂山

【所在地】慶州市徳泉3　【樹種】エノキ
【祭礼】旧1月15日　【指定】なし

人々の生活に欠かせない徳泉里

【位置・由来・特徴】東㳒山から流れる水路のかたわら、風水の意味での集落の入り口に立っている。東㳒山の豊富な水が田んぼや地域の人々の生活に欠かせない水であることから、「徳泉里」という地名になった。2003年、木彫りの長丞(チャンスン)(将軍標)を神木のかたわらに立てた。

19 上辛里の堂山(サンシンリ)

【所在地】慶州市上辛（貴渓）
【樹種】ケヤキ
【祭礼】旧暦6月
【指定】保護樹

多くの人々が訪ねたかつての原風景

【位置・由来・特徴】かつて、すぐかたわらに川が流れて景色が美しく、高貴な人々が多く訪ねたので「貴渓」という地名にもなったとされる。今、川は埋め立てられて農地になり、この神木だけが残され土地を守っている。

20 望星1里の堂山(マンソン)

【所在地】慶州市望星1
【樹種】ケヤキ
【祭礼】旧1月15日
【指定】保護樹

開村の祖ゆかりのケヤキ

【位置・由来・特徴】望星村を最初に開いた韓氏(ハン)が植えたと伝わる。神木のすぐかたわらに小川が流れて、夏にも木蔭は涼しいので、農作業のあい間に一服する憩いの場所でもある。

21 望星2里の堂山

【所在地】慶州市望星2
【樹種】ケヤキ
【祭礼】旧1月15日
【指定】保護樹

開村の祖先を祀る神木

【位置・由来・特徴】望星村を開いた祖先を祀ると伝わる。すぐそばに小川が流れる。1987年台風で樹齢数百年の神木が倒れた。亭があり、夏は涼しく、人々の憩いの場所でもある。

韓国の鎮山と堂山信仰

22 望星2里の堂山

【所在地】慶州市望星2
【樹種】ケヤキ
【祭礼】旧1月15日
【指定】保護樹

開村の氏の5人兄弟が植えたケヤキ

【位置・由来・特徴】村を開いた月城李氏の5人兄弟が植えたという伝承がある。近年、道路工事にともない根が傷つけられたため、神木の状態がよくない。

23 蘆谷(ノゴク)2里の堂山
（ゴルメギお爺さん）

【所在地】慶州市蘆谷2里　【樹種】ケヤキ
【祭礼】旧1月15日　【指定】保護樹

神聖視されるゴルメギお爺さん

【位置・由来・特徴】村の入り口に位置する。「ゴルメギお爺さん」と呼ばれて親しまれる。昔、ある人が枝を切ったところ、その晩亡くなったと言われ、神聖視される。祟りの伝承を秘めているが、夏は木陰が涼しいことから村人の憩いの場になっている。

24 崔(チェ)将軍の祠堂
（ゲ墓森）

【所在地】慶州市伊助1里
【樹種】マツ、ケヤキなど
【祭礼】旧1月15日　【指定】なし

崔震立将軍を祀る祠がある

【位置・由来・特徴】丙子胡乱(ピョンジャホラン)(1636年、清が李氏朝鮮を侵略し、朝鮮が敗れた戦争)の時、死を覚悟して70歳で戦争に参加した崔震立(チェジンリプ)将軍(1568～1636年)を祀る祠がある。

25 伊助(イジョ)1里のエンジュ

【所在地】慶州市伊助1里　【樹種】エンジュ　【祭礼】旧1月15日　【指定】保護樹

蘇ったエンジュの木

【位置・由来・特徴】エンジュは丙子胡乱（1636年）の時、死を覚悟して70歳で戦争に参加した貞武公崔震立将軍（1568～1636年）が植えたと伝わる。毎年1月15日、村人が祭を行う。日本統治時代と朝鮮戦争の時に枯れかけたが、その後、蘇ったと伝える。

26 鳧池(ブジ)1里のケヤキ

【所在地】慶州市鳧池1里
【樹種】ケヤキ
【祭礼】なし
【指定】保護樹（ケヤキ1本）

崔致遠(チェチウォン)の子孫が植樹した樹木

【位置・由来・特徴】慶州崔氏の集成村に位置し、崔致遠の子孫が1000年も前に植樹したと伝わる。神木ではないが、亭子や大きな力比べの石があり、集落の憩いの場になっている。

韓国の鎮山と堂山信仰

27 鳧池2里の堂山

【所在地】慶州市鳧池2里
【樹種】ケヤキ
【祭礼】旧1月15日
【指定】―

かつての「松の丘」から一変 "憩いの場"へ

【位置・由来・特徴】かつては「松の丘」と呼ばれたほどこんもりしたマツがあったが、植民地時代に切られたと伝わる。その後、村人が植樹したといわれるケヤキが力強く伸びている。近年、樹木の下に涼亭が作られ、憩いの場になっている。

28 朴達1里の堂山
（バクタル）
（良三）

【所在地】慶州市朴達1・良三　【樹種】ケヤキ
【祭礼】旧1月15日
【指定】―

地名の由来になるほどの豊富な水

【位置・由来・特徴】朴達集落の水田の中に位置する。三つの小川が合流するところで水がよいという地名になったほど、水の豊富な地で生育状況もよい。旧暦1月15日、村の人々が祭を行う。

29 朴達1里の堂山
（セッコル）

【所在地】慶州市朴達1里・セッコル
【樹種】ケヤキ、ナラガシワ
【祭礼】旧1月15日　【指定】―

森の中の石は何を語る

【位置・由来・特徴】集落の後ろの山すそにあるこんもりした森の中に、自然石を置いている。由来などは、はっきりしない。

30 朴達2里の堂山
（道真）

【所在地】慶州市朴達2里・道真
【樹種】ケヤキ6本、ナラガシワ2本、エンジュ
【祭礼】旧1月15日　　【指定】―

天から水を降ろす「天水田」と呼ばれた地

【位置・由来・特徴】朴達集落―道真の入り口のこんもりした森である。現在は朴達貯水池が近くにあるが、かつては「天水田」（天が水を降らしてくれないと農業ができない田）と呼ばれたほど、渇水に悩まされる地域だった。現在の祭は、里長でもある仏光寺と集落の人々が、前夜準備して1月14日に行う。

31 朴達3里の堂山お爺さん

【所在地】慶州市朴達3里　【樹種】マツ
【祭礼】旧1月15日　　【指定】―

皆から神聖視される朴達のお爺さん堂山

【位置・由来・特徴】朴達集落には堂山お爺さん、お婆さんがあるが、ここはお爺さんにあたる。村では、葬式などの車や行列はここを避けるほど神聖視している。数年前、神木に害をなした人がいたが、集落から追い出されたという。その際、傷を負った根元へは、里長を中心にマッコリ酒を水に混ぜてまいている。

32 朴達3里の堂山お婆さん

【所在地】慶州市朴達3　【樹種】ケヤキ
【祭礼】旧1月15日　　【指定】―

3兄弟の伝承が残るバクタルのお婆さん神

【位置・由来・特徴】バクタル集落のお婆さん神。昔、村を開拓した3兄弟がいたが、妹1人は虎に食べられて、残った兄弟が妹の霊を慰めるため石を積んだという伝承がある。祭の際は、このお婆さん神木を先に参ってから、お爺さん堂山に行く慣わしがある。

33 朴達4里の堂山

【所在地】慶州市朴達4里
【樹種】アカシデ10本
【祭礼】旧1月15日
【指定】 —

山裾にひっそりと佇むアカシデの森
【位置・由来・特徴】集落の後ろの山すそにあるこんもりしたアカシデ数本の森。森の中に石が置いてある。祭は、酒やお餅、果物などを準備して班に分かれて行う。

34 朴達4里の堂山（下コサリ）

【所在地】慶州市朴達4里下コサリ
【樹種】アカマツ
【祭礼】旧1月15日　【指定】—

周囲に注連縄が張られた松林
【位置・由来・特徴】山すそのこんもりした松林で、全体に注連縄をはっている。祭は、酒やお餅、果物を準備して班に分かれて行う。

35 茸長4里の堂山（ヨンジャン）

【所在地】慶州市茸長4里
【樹種】ケヤキ
【祭礼】旧1月15日
【指定】 —

2本のケヤキはお爺さん・お婆さんの堂山
【位置・由来・特徴】お爺さん、お婆さんの堂山である。近年、お婆さんの神木が枯れてしまったため、山からケヤキ1本を持ってきて新たに植えた。亭子があり、夏は憩いの場所にもなっている。

IV
台湾の大樹公信仰

台湾の大樹公

　台湾では、自然でありながら信仰の対象であるカミの杜を「大樹公」と呼ぶ。地域によって異なるが、台湾語では「樹王公」、または「樹公」という場合が多い[1]。

　大樹公の研究では、大樹公が土地公と並んであるため往々土地公の一部分として書かれたものが多い。樹木そのものに焦点を当てた調査研究は、1990年前後から現れる。まず、農林庁と台湾文献委員会の支援のもと、各地域の「珍貴老樹」の調査が始まり、由来や樹木の写真などが収められた文献が現れる[2]。李西勲らによるこの時期の調査記録はその後の研究に欠かせない貴重な資料となった。

　そして、各地の神木を紹介する紀行式のものも多くみられるようになった[3]。それらの多くは現状報告に終始し、大樹公と地域文化に対する歴史的な考察は少なかった。李春子は、「東亜地区『大樹公』的信仰與実践」で、高度成長期の台湾における大樹公信仰とその空間の変容に関わった地域住民の実践的行為に注目している[4]。近年では、さまざまな分野の研究者が老樹の植生や生態、そして大樹公文化などを解説した書物『老樹人生』(2009年)が刊行されて注目を集めた。

　台湾では、自国における高度成長期の社会変動と民間信仰の繁栄について[5]、多くの場合、「功利主義」と「現世利益」という言葉を用いて語られてきた[6]。

　このような民間信仰の繁栄期を迎えて寺や廟の寄進や増築が各地に広まる中、大樹公の空間も、従来の素朴な形態から新たな空間へと変容した。台湾の民間信仰の研究はこれまでさまざまな業績があるが、大樹公に焦点を合わせて、樹木と人間社会の関わりを考察したものは少ない。

---

1 初期の日本人研究者、増田福太郎は『台湾の宗教』(1939年)で、宜蘭の大樹公廟と台南の橇仔(マンゴー)を紹介している。また、曽景来は『台湾宗教と迷信陋習』(pp.77-88)で記述している。この他、中国の金華地区の樹木廟を調査した鈴木満男(1994：175-237)が、これらは古代社を起源とすると結論づけ、台湾の樹木信仰もこの展開だとしている。

2 李西勲・黄文瑞編著『南投縣珍貴老樹的歴史源流與掌故伝説』(1993年)、李西勲『台湾省珍貴老樹與行道樹之普査資料』(1993年)、李西勲編、張瑞卿撮影『雲林縣珍貴老樹巡礼』(1994年)、『彰化縣珍貴老樹的歴史源流與掌故伝説』黄文瑞編著、張瑞卿撮影(1994年)、『樹立文化城』台中市珍貴老樹(1999年)などがある。

3 単行本としては陳明義、楊正澤編著、沈競辰撮影『台湾郷間老樹誌』(1996年)がある。『超級大神木』黄昭国(1)2002年、『神木家族』(2)2004年、『発現台湾老樹』沈競辰、2004年などがある。

4 『台湾文献』54巻第2期(2003年)。

5 周知のように1970～1990年の時期、東アジア各国は共通して高度成長期を経験した。NICSの韓国、香港、シンガポール、台湾は、それぞれ東アジアの繁栄国になった。この時期における民間信仰の繁栄について、蔡相煇は「日本植民地時代に

受けた宗教政策や民間信仰の打撃を回復するため、1970年代から宗教回復政策を実施して、政府は1976年『寺廟の選択を尊重する』と宣言、1981年『台湾省加強鼓励寺廟推行中華文化復興工作実施要点』などを実施した。経済繁栄とともに政府は寺廟や文化施設などを推進し、宗教と社会の密着が地方に着実に浸透する」（蔡相煇『台湾文献』51巻第2期、「近代化與台湾的民間信仰」2000年：238-240）としている。つまり、民間信仰の繁栄には政府が大きな役割を果たした。

6 例えば、瞿海源は、功利性から指摘、1980年代以来「六合彩」「大家楽」などの賭博が流行したことと共通すると説明している。李亦園も「伝統民間信仰與現代生活」（1982年）で、民間信仰の復興を「功利主義」と「道徳復振派（敬虔主義）」によって説明し、董芳苑『台湾民間宗教信仰』（1975年）も類似の議論を展開する。

　本章では、まず大樹公信仰がどのようなものであるかを現地調査に基づいて検討する。1960年以後、高度経済成長期の中、人々が現世利益と関係ない地域社会や大樹公の空間のために肯定的に行う「公的善意」が、大樹公の空間の変容、そして地域社会のつながりにどのように関わったかを取り上げる。つづいて、都市化が進む中での大樹公の持続保全を地域社会と行政の相互の関わりを中心に考察する。調査地域は、台中市（タイツォン）、南投県（ナントウ）、花蓮県（ファリエン）など36ヶ所である。

1 大樹公の生態象徴と信仰

大樹公の生態象徴

　大樹公はガジュマル、クス、アカギなどの老木の下に石を祠の形に立ててその地域や土地を見守る神として祀る信仰である。近年は祠を立てるのが一般的で樹木の名に由来する「榕樹公」など、「○○公」の名を記した位牌や牌が祀られている。「公」という尊称は、お爺さんを表すものであり、カミを身近なものと位置づけていることがわかる。樹種別の名称がそのまま神木の名称になっている例は、韓国や日本ではあまり見られず、台湾の特徴といえよう。大樹公には日本の注連縄(しめなわ)に似た赤布が結ばれ、老爺のような姿をした神像が安置されているところもあるが、多くは、祠の中に香炉だけが置かれている(❶)。

　樹木を信仰の対象とする大樹公の概念は古く「社」にさかのぼって考えることができる。最古の部首別漢字字書『説文解字(せつもんかいじ)』には、「二十五家為社、各樹其土所宜之木。(25軒を一つの社とし、社はその土地に適した木を植える)」という記述がある。それぞれ地域に適した特定の樹種が「社」として崇められたことがわかる[10]。

　今日の台湾で、この「社」にあたるものは「土地公*」である。初期の台湾の土地公の多くは、看板もなく神木(大樹公)の前に石を置いて祀ったものであったが、徐々に廟を立てて、現在見られるような形になったと考えられる。

　つまり、今日「福徳正神」という文字を書いた看板や位牌、そして神像を立てて廟を中心とする形になる以前には、樹木の前に三つの石を置いて「土地公」として

---

10 その他、『論語』集注巻二には、「夏后氏以松、殷人以柏、周人以栗。」、『淮南子』「齊俗訓」には、「夏后氏、其社用松、殷人之禮、其社用石、周人之社、其社用栗」という記録がある。つまり、「社」は特定の樹種が祀られていたと考えられる(李春子、2003年：p.52、2006年：p.190)。

土地公　土地を守る神。台湾の中でも、中国・福建省出身の土地公は「福徳正神」と呼ばれ、土地廟の前にはその名を記した牌が掛けられている。また、客家(ハッカ)の人々は、これを「伯公」と呼ぶ。

❶「榕樹公」ガジュマル

A 南投県草屯の大樹公の多くは、風水の意味で水の流れに沿って植樹され、それぞれ伝承をもつ。

BC 土地公（福徳廟）と大樹公（大榕樹公）が、別々の神と認識されながら、同じ場所で祀られていることが多い（写真は南投県草屯）。

祀っていたのであり、樹木の「大樹公」と区別されるものではなかったと考えられる。

現在、大樹公の多くは、独立した土地公の神像や道教の廟と合祠される形をとっている。調査結果によれば、台湾においては土地公と大樹公の「社樹連体（大樹公と土地廟を両方祀ること）」類型がもっとも多く、全体の9割以上の大樹公に、土地公の廟が併設されている。

大樹公と土地公の関連について、李玄伯は「古代の『社』は『樹木』によって代表された。周代は樹木が『社神』で、秦・漢まで存在していた。台湾の土地廟と古代の社の類似点は土地公の隣に樹があることで、『樹と社』は分けられない」という[11]。つまり、台湾の土地廟と樹木との関係は、最も古い「社」の形態を示しているとする。

現在、地元では土地公や道教の廟と大樹公は、それぞれ別のカミとして認識されながら、同じ場所で「連体」させて祀るという形式が定着し、相互に補強しながら地域の信仰圏を強めているといえよう（❶）。

大樹公には、巨木を選択して祀った場合と新たに植樹された場合[12]の両方が認められる。前者は、もともとその地に自生する巨木や老木の中から1本を選んだもので、その樹木を中心に村の開拓が進められたらしい。

1762～1765年（乾隆27年～30年）頃に描かれた『乾隆台湾輿図』[13]をみると、植生と関わる地名が描かれている。最も多いのは、アカギ（漢語：茄苳樹）で8ヶ所（「加冬脚庄」4ヶ所、「下加冬脚庄」3ヶ所、「茄藤社」1ヶ所）である。そして、マンゴー(台湾語：「樣仔脚」)が3ヶ所、「榕樹王」が1ヶ所、「刺桐脚」が1ヶ所描かれている（❷）。移民初期の絵図に樹木の名を用いた地名が多く見られることは、開拓民が村を開く際、巨木や老木を中心に村を開いたためと考えられる。

南投県草屯鎮北勢里の龍泉宮近くには「茄苳脚」とい

11 李玄伯は、土地公と樹木の関わりを「社樹連体」「社樹合体」「社樹異体」の3つに区分する。（林2001）。林美容は、「春秋時代から漢代では里社以外郷社、鎮社があって中央の社稷もあったが、台湾の土地公の管轄は『村里』だけで郷と鎮はなく、里社は民間の管理で官と関係ない」と古代の社と台湾の土地廟の差を説明する（林2001：91）。

12 李春子『台湾文献』54巻第2期、2003年、pp.54-55。京都大学博士論文、2003年。

13 洪英聖編『画説乾隆台湾輿図』、2002年、p.97（原本は台北故宮博物院所蔵）。

❷『乾隆台湾輿図』
（出典：翻攝『乾隆中葉台湾輿図』、
所蔵：台北故宮博物院図書館）

18世紀半ばに描かれた『乾隆台湾輿図』には、植生と関わる地名がいくつもみられる。掲載図にある「加冬脚」は、アカギ（漢語：茄苳樹）の生えていた場所と考えられ、全体では8ヶ所と最も多い。

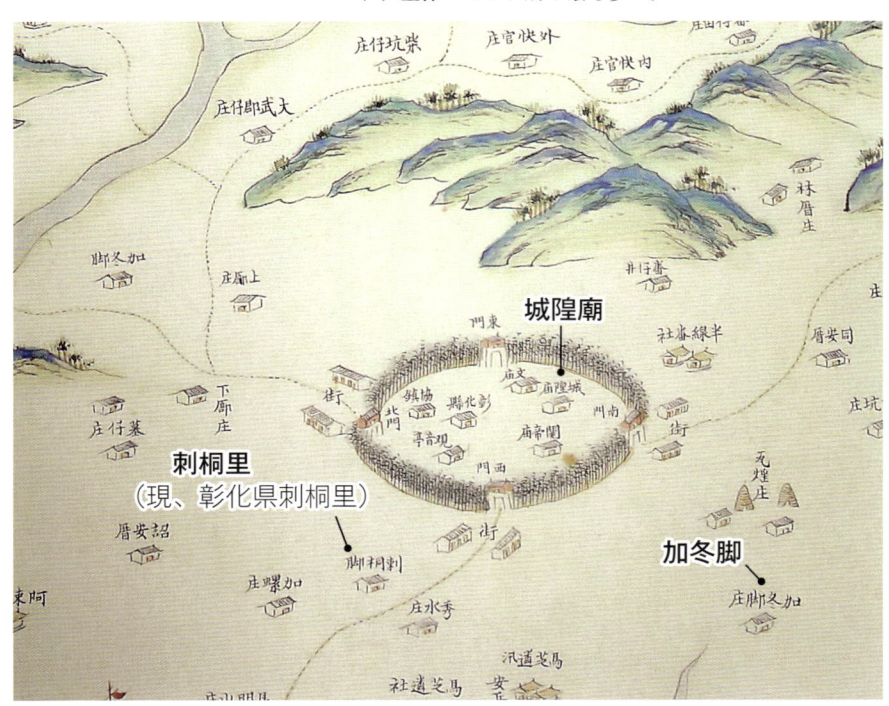

❸ 地名の由来を示す「七股樟樹」

A 2003年度の「七股樟樹」
B 7人が村を開拓して、地名の由来にもなった。2005年、行政によって公園化が行われ、神木の後ろにあった廟が徹去された。

う地名が現在もあり、樹齢数百年の茄苳樹が祀られている。また、「坪頂里七股」¹⁴集落は、18世紀、7人がこの一帯に開墾に入り、樹齢1000年と言われるクス（樟）を中心に村を開拓したと伝え、「七股樟樹」という名称にも表されている（❸）。このように地名と樹木の関わりは、漢民族の台湾開拓初期からと考えられる。

後者の植樹は、大樹公が水の流れや風水に則った所に位置するとされる理由でもある。調査によれば、大樹公は平地と山にあり、山にある場合は水源地、平地の場合は水の流れに沿って植樹された。村の開拓の際、風水に適切な場所であっても樹木や山がない場合は「植樹」されており、それらは福建省の「風水樹」¹⁵と関わりがあると考えられる。

台湾には、「水尾水頭・田頭田尾土地公（水路や田の入口と出口に位置する土地公）」や「水是財、不能全部流到別的地方（水は財産であるから別の村にすべて流してはいけない）」という言葉があるように、土地公と大樹公は水と深く関わっている。

調査地の植樹の事例として、敦和里崎仔頭の大樹公と村の開拓史を見てみよう。草屯は、1755年に李元光、池良生などが入植して、豊富な水量の渓頭から水を引いて北投新圳（シンチュワン）を灌漑し、開拓が行われた。定着が進んだ後、北投新圳側に敦和宮（1816年）が建てられた¹⁶。灌漑された北投新圳の水の流れに沿って崎子頭と敦和里の土地公や大樹公が祀られており、風水のために植樹されたと考えられる（❶）。

近年は都市化や住宅地拡大などで、水路や河川は道路の地下に隠されてしまうことが増え、風水的な景観を確認することはだんだん難しくなっている。

とはいえ大樹公の空間は、人々の日常的な風景の中に溶け込んでいる。日頃つねに人々の往来があり、時には簡単な食事やお茶を飲みながら談話、将棋などを楽しむ。

14 坪頂里七股集落は、海抜345mの山の上の平坦な地形に位置する（2010年11月現在の人口は1273人）。1775年、中国の漳洲府から李龍科ら7人が、この一帯に入り農園などの開拓を行ったため、七股集落という地名になる。現在は登山者にも親しまれる豊かな自然環境に恵まれている（『草屯鎮誌』、p.135）。

15 福建省には、村の水口と後龍山の樹木を封禁する習慣がある。「一つの村には必ず水源があり、二つの山は交わるあいだから流れ出るものを『水口』という」（上田信「感応する大地─風水─」『講座　人間と環境』、昭和堂、1999年）。

16 『草屯鎮誌』、1986年、p.877, p.890。

すなわち地域の人々の交流の空間でもある。地元の人が「大樹公は古い友人（老朋友）」というように、いわば、「俗の中の聖地」である。

植生と文化

本書の調査地における大樹公の植生は、ガジュマルが最も多く13ヶ所、アカギ9ヶ所、クス10ヶ所、マンゴー3ヶ所となった。先にも述べたとおり、大樹公の名称は地域によって異なるが、おおむね樹木の名に由来する「○○公」と呼ばれている。『説文解字』や『淮南子』でみたようにそれぞれの地域に適した樹木が土地の守りカミ「社」として崇められたと考えられる。では、台湾の調査を中心に植生と文化の関わりを見よう。

ガジュマルと「榕樹公」

台湾の大樹公で最も多いのは、榕樹*（ガジュマル）で、調査地では13ヶ所あった。多くは榕樹の下に祠を立てて「榕樹公」と呼んでいる。榕樹については、古くは嵆含による中国最古の植物誌『南方草木状』（304年）で次のように記述されている。「樹幹は曲りくねっていて、用材にもできない。薪にもできない。役たたずの樹であるために、かえって長く無傷でいられるのである。その樹の蔭は十畝もあり、その下は人の休息の場となっている……南方の人はこれを普通のことだと思っており、瑞木とはいわない。」[17]

すなわち、「榕作楄（役に立たない）[18]」、材木にも薪にもならないが故に伐採されなかったということである。ガジュマルは材木にはならないが、日陰には最適であることについて佐倉孫三（1895～1898年の台湾滞在時に記述）が、『台風雑記』で次のように記述している。「榕樹の緑の葉が四方に広がって炎日を遮る。長々と地上に垂れて幹は曲がりくねり、俯いてはまた起きる……地元民は暑さに耐えられないと、しばしばこの樹の下で作業を

榕樹（ガジュマル）　台湾で、榕樹の葉は、さまざまな意味がある。祭で義子・義女が身につける例がある一方、葬式に行く際、身につけて帰り道で捨てる事例もある。

17　『南方草木状』を小林清市が訳した。原文は「樹幹拳曲。是不可以為材也。燒之無焰、是不可以為薪也。以其不材、故能久而無傷。其陰十畝、故人以為息焉。」（『中国博物学の世界』2003、pp.49-50）。『台湾通志』『台湾方志』『台湾府志』にも「榕作楄、言材不中主人也…。閩、故稱榕嶠、榕城、臺地亦隨處有之」といった類似の記録がある。

18　『台湾通志』物産／木之属。

する。これまた熱帯地方ならでの好風景である。」[19]

今日、大樹公の中でガジュマルが最も多く現れる理由は、植生と気候と人々の生活に関わりがあったことがわかる。榕樹と民間信仰について研究したのは、片岡巌（1921年）の『台湾風俗誌』である。

　一、榕樹を家の周囲に植えず成長して大に至れば必ず家人病み又は死亡す。
　二、榕樹を廟前に植える時は榕枝を倒に挿す。……挿した者は必ず病み又は死すと云い、無頼の徒又は乞食をして之をなさしむ。
　三、古榕には必ず神之に奇棲すと云う。之れを松樹王と称す。然して樹下に小廟を建築し樹身根幹を祀る。嘉義地方の業主名に松樹会、松樹王とある。

これらは、現在も行われている台湾の民間習俗の記述に当たる。特に、「古榕」を「松樹王」と呼んでいる点が興味深い。中国・明代の随筆『五雑俎（ござっそ）』に「榕樹は閩（びん）広［現代の福建省と広東省にあたる地域］にあり、晋代の城に多し故に榕城という。荘子に不才を以て天年を終ふるの也。閩人方言に松と謂ふ、按ずるに松字古に亦榕と通用す」[20]とあるように、台湾の多くの地域ではガジュマルを「松樹」と称する。

嘉義地域では、ガジュマルを「松樹公（ジャイー）」として祀ることが多く、「劉萬霊廟」の松仔公もその一つである（❹）。榕樹と松樹の閩南語（びんなん）＊の発音は「Cing-a」で似ているため、榕樹を松樹と誤用した可能性があるという[21]。ただし、マツが少ない台湾で古くから吉祥の意味合いのあるマツを偲び、ガジュマルをマツに見立てて、異なる木であることを知りながらあえてそう呼んだ可能性もあると筆者は考える。

[19] 台湾の自然と文化研究会編訳『臺風雑記：百年前の台湾風俗』、東京外国語大学アジア・アフリカ言語文化研究所、2009年、pp.125-126。

[20] 上原敬三『樹木大図説』、有明書房、1959年、pp.1-869。

閩南語　主に閩南地方（中華人民共和国福建省南部）で話される言葉。台湾には福建省からの移民が多く、日常的に使われる。台湾の国語である標準中国語（北京語に類似）と区別するため、台湾語もしくは河洛（ホーロー）語とも呼ばれる。

[21] 「松」を閩南語で「松伯」というが、「榕」と「松」の閩南語音が似ているので誤用した可能性がある（李西勲の助言による）。

❹「松樹」とされることもある榕樹

嘉義市にある劉萬霊廟厝・松仔公は、榕樹（ガジュマル）の木を「松樹公（松仔公、松王公）」と表記して祀っている。

A 嘉義市にある劉萬霊廟厝・松仔公は、ガジュマルの巨木である。
B 入口の門は「松仔公」と記す。
C 木の根元の祠は「松王公」。

樟（クスノキ） クスノキ科の常緑高木。樟脳以外にも、建材、家具などに利用される。上原敬三は、日本では「樟」と「楠」の字を同じ「クス」として用いるが、台湾では区別するとしている。

『中国地方志集成』「光緒台湾通志」、「民国台湾新志」など3000余りの台湾の省志、府志、県志、寺廟志などを集大成した叢書。光緒18～21年（1892～1895）に完成。

クスノキと樟脳

　台湾の大樹公の樹種として、榕樹の次に多いのが樟（クスノキ）*で、調査では10ヶ所あまりである。樟は樟脳（しょうのう）（❺）が取れることで知られている。『中国地方志集成』*に収録されている「光緒台湾通志」には、「作器彫鏤必用之．熬其汁為樟脳」と樟脳に関する記述がある[22]。また、佐倉孫三は『台風雑記』で、「樟脳は世界的にも、我が国と清国南部地方の一部のみで生産されている。火薬や医薬など多くの製品に必要とされる。……樟樹を伐

❺ 樟脳採取で危機にあった樟樹公

樟（クスノキ）は、日本統治時代、樟脳を得るために伐採されていった。現在残る樟樹公の中には、その危機を乗り越えた伝承をもつものも多い。

A 台中市の「五福臨門神木」。民国65年、蒋経国総統が命名した。日本統治時代、樟脳搾取のために伐採しようとしたが、「母樹である」という理由で切られなかったという。

BC 台中市の「澤民樟樹」。日本統治時代に枝を切った日本人が病気になったと伝わる。

採して、一年に数百万金以上の所得を得ていると見られる。現在、総監督府は製脳署を設けている」と記している。

このようにクスは、日本統治時代に樟脳を得るために大量に伐採された歴史がある。ところが、大樹公が伐採の危機に直面すると、地元が猛烈に反発して陳情運動を行ったり、母樹（ぼじゅ）*であると承認されたり、不思議な出来事が起こるなどして結局、木が切られることはなかったという伝承が多い（❺、表1）。

茄苳樹と「茄苳公廟」

大樹公の中には、茄苳樹*（アカギ）は9ヶ所みられた。台湾では、「茄苳公」、または「加冬公」と書かれる。先の「光緒台湾通志」には、「加冬、樹葉似冬青。子亦如之。性極堅重」という記述もある[22]。「加冬」は、冬でも常緑の葉が青々としていることを意味し、それが「茄苳公」に変化したものと考えられる。

『乾隆台湾輿図』に地名として、「加冬脚」が現れるように、アカギは古くは「加冬樹」と表記されたらしい。

現在、多くの大樹公で、「茄苳公」という看板や位牌が立てられている。台中市の「茄苳廟」は、1982年に建立されたもので、多くの人々の憩いの場になっている。義子・義女信仰（後述）が盛んで、祭には多くの子供たちがお参りする（❻）。

マンゴーと「檨仔王公廟」

大樹公として、マンゴー*も祀られる例（5、18、21の3ヶ所）がある。『乾隆台湾輿図』にも、マンゴーの意味の「檨仔脚」という地名が現れる。マンゴーが神木になっているのは、嘉義市の「檨仔王公廟」である。「光緒台湾通志」には、「檨〔マンゴー〕、種自荷蘭……皮青肉黄、剖食甘美……俗稱番蒜……多啖之者能病人」という記述がある[23]。

これらのマンゴーは、かつてこの地を開拓した先人たちが植えたと伝えられている。台湾の諺に「食果子、拝

母樹　優良な形質を持った種子や接ぎ穂を採取する樹木。

茄苳樹（アカギ）　トウダイグサ科の常緑高木。家具や建材等にも利用され、果実は食用となる。台湾では、「茄苳樹」「重陽木・秋楓樹」という。

22　「樟…熬其汁為樟腦、可入藥」、「榕…榕作槦、言材不中主人也。…不材、故寡伐而長壽…閩、粵多榕樹、故稱榕嶠、榕城。臺地亦隨處有之」、「加冬、樹葉似冬青、子亦如之。…質堅作器甚美」（唐景崧修、蒋師轍、薛紹元纂「光緒台湾通志」『中国地方志集成』、pp.38-39）。

檨仔（マンゴー）　ウルシ科の常緑高木。インド・東南アジア原産。黄白色の小花を群生し、楕円形の実を結ぶ。果肉は甘く食用になる。日本でのマンゴー（漢字：芒果）という名称は、英語の「Mangifera」という発音から来ている。

23　唐景崧修、蒋師轍、薛紹元纂「光緒台湾通志」『中国地方志集成』、p.20。

表1　地域誌と大樹公

地域誌の内容	由来の場所
中国本土から移民後、大樹公を中心に開拓を進めた由来がある。	４ 松竹路のガジュマル、６ 大坑円環のカエデ 16 開山伯公のクス、17 寶山第二ダムのクス 19 三叉埤石版伯公のクス
危機の時、助かった。 （水害、戦争など）	５ 軍功里ガジュマル、９ 茄苳廟のアカギ 10 興農宮のガジュマル、24 龍徳廟のガジュマル 30 茄苳廟のアカギ
1999年の大地震後、復興のシンボルになった。	６ 大坑円環のカエデ
樟脳のため伐採しようとしたが、不思議な出来事が起こり切れなかった。	13 五福臨門神のクス、15 月眉村のクス 18 横山小学校前のクス、23 七股のクス 29 大衆爺祠のクス
義子・義女信仰がある。 子宝に恵まれる信仰や病気の子供が助かった逸話がある。	１ 茄苳廟のアカギ、９ 台中港路のガジュマル 21 檨仔王公廟のマンゴ、24 龍徳廟のガジュマル 25 上林里のガジュマル、26 敦和里のガジュマル 28 同声里のアカギ、29 大衆爺祠のクス
地名に関わる。	16 開山伯公、23 七股樟樹、28 茄苳樹王公

樹公（果実を食べて、大樹公に拝む）」という言葉がある。大樹公の果実に対して感謝する言葉である。

　このような木々は、それぞれ地域の開拓史や戦争などの危機の際、神木のお陰で助けられたといった伝承をもち、地域の歴史と関わる信仰が営まれてきた。次節では、これらを調査事例からみてみよう。

　表1の地域誌と大樹公の事例から、大樹公は地域史とともに生きてきたことがわかる。「大樹公は古い友人だ」と語る人もいた。そのため、樹木が病や伐採の危機に直面すると地元では保全運動に乗り出すことがたびたびあった[24]。それは人間社会とともに共存して来た神の木への思いを記憶しているからである。

[24] 1933年3月2日付『台湾日々新聞』に、「鹿谷庄内深抗集落に樹齢数百年の樟があり……河が氾濫した時は、ご神木のお陰で人々が救われた。台湾樟脳竹山所は、樟脳のため伐採しようとした。地元の人々は猛烈に反対を唱え、樟脳の建設費用、六十円を負担する請書を提出するよう希望し、部落民もその要求に応じ、めでたく一段落した」という記事がある（曽景来『台湾宗教と迷信陋習』、1939年、pp.80-81）。樟の伐採に反対した地元の運動は興味深い。

2 大樹公信仰と地域社会

「義子・義女」信仰

　台湾には、大樹公のカミと16歳までの子供が擬似的な親子関係を結び、子供の命運を改善する「義子・義女」信仰がある（❻）。これは「檳の多い命運」の子供たちに対して、大樹公がその命運を受け止め、成長を見守ってもらいたいという両親の願いに基づく信仰で、大樹公の生命力を分け与えてもらうという意味合いももつ。

　義子・義女の縁を結ぶと、お守りやペンダントをもらう。規模が大きい所は1000人以上にのぼる。祭には義子・義女となる子供たちが親に連れられて参り、神木のアカギの葉やガジュマルの葉を首飾りにしたり、家に持ち帰って飾ったりする。これらは大樹公からその生命力を授かることを意味する。

　義子・義女信仰は、近年むしろ増えている。これは、少子化により、一人の子供に対して健やかな成長や学業成就などを願う両親の気持ちが強まったためと考えられ、本来よりも幅広い効験が期待されるようになっている。受験合格や健やかな成長を願う親は、子供に神様の霊力や言い伝えなどを説明し、子供は真剣にお祈りする。

　調査地のうち、義子・義女信仰があるところは表2のとおりである。

　これらの事例のように、大樹公は義子・義女信仰を通して、その生命力を子供たちに与えて、信仰は親から子へと受け継がれている。かつて義子・義女だった親が自分の子を義子・義女にすることは多い。

　地元を離れ他の都市に住み着いても、義子・義女だった親から子へ、今や地域を越えて広がっている。例えば、

> 檳の多い命運　生年月日による占いの判定に用いられる言葉で、檳の多い＝波乱の多い、病気がちの根基の弱い子供を指す。

❻ 義子・義女信仰

16歳までの子供が大樹公と親子の縁を結ぶ。茄苳廟の祭は、神木の葉を持って帰り、身につける。

A 神木アカギの葉とお守りを首にさげた「義女」の少女（台中市・茄苳廟）
B アカギの葉と硬貨を赤い糸でゆわえたお守り（台中市・台中港路）
C お守りと、お供え用のお菓子（同上）
D 廟の中に用意されたお守り（手前左）とガジュマルの葉（南投県・敦和路の榕樹公）

表2　調査地のうちで義子・義女信仰がある大樹公

場所	由来の場所
1 台中市・茄苳廟	お守りを交換したり、アカギの葉を義子、義女が身につける。
9 台中市・台中港路の茄苳公	アカギの葉を持って帰って義子、義女の身につける。
15 台中市・澤民樟樹	神木の枝で作った木彫りのお守りを身につける。
24 南投県・龍徳廟の榕樹公	お守りとご神木のガジュマルの葉を持って帰る。
26 南投県・敦和里の榕樹公	お守りとご神木のガジュマルの葉を持って帰る。

　台北から来たＬさんは幼い頃、母に連れられ、毎年台中の茄苳公にお参りした。結婚して台北に移り住んでも、毎年お祭の日は3人の子を連れてこの杜に来るという。こうして大樹公信仰は、次の世代へと継承されていくことだろう。

台湾の大樹公信仰

大樹公祭

　　大樹公の祭はほとんどが旧暦8月15日前後に行われ、台湾の伝統的な節日（祝祭日）の一つ「中秋節」にあたる。中秋に土地の神を祭るように春に祈願し、秋に報われるという意味である[26]。祭の日は朝の簡単な儀礼が終わると、カミを喜ばせるために奉納の人形芝居「布袋戯*」が行われる。参拝に来る人々の多くは、金銀冥紙*を燃やし、義子・義女の子供や人々の参拝が絶えない。

　　地域によっては昼が過ぎると信徒たちが共食する「福会」が始まる。現地では「吃福」または「吃平安」といい、福（幸せ）を食べる意味である。もう一つの言い方は「做福」であるが、これも「福をつくる」という意味である。単なる食事ではなく、幸せや日常の安定につながる「福」を積極的に作るという意味合いがある。これは、韓国の村祭の後に行われる「飲福」とほぼ同じで、このことは非常に興味深い。

　　中秋節に宴会のような福会が行わる理由は、信仰上のものだけではない。福会の費用は、地域によってはその年、経済的な面などで最も成功した人、またはその年選ばれた土地廟・大樹公の管理の責任者「蘆主」が全額を負担することもある。近年は参加者すべてが一定の金額（約500元）を払うことが多い。

　　福会は単なる食事ではない。数百人がともに食事しながらお互いの近況などを報告しあう交流の時間でもある。選挙が近づくと数々の政治家が挨拶に回り、ビジネスを広げるために名刺を配りながら酒を交わすといったことも多い。「福会」は、日常の秩序を願う祭祀に付随した地域交流の場として受け継がれている。

　　台中の事例2ヶ所を取り上げたい。一つ目は松竹路の福会である（❼、❹）。祭は、旧暦8月15日前後に行われる。かつて、この地へ開拓に入った先祖が植えたという

---

[26] 木の下で行う祭に関する記述として、古くは『荊楚歳時記』第二部（一六）に「社日、四鄰並結綜会社、牲醪、為屋於樹下、先祭神、然後饗其胙」とあり、台湾では、王瑛曾「乾隆重修鳳山縣志」に「八月中秋、祭當境土神、與二月二日同；春祈而秋報也。是夜士子群集讌飲」（『中国地方志集成』、p.20）とある。

布袋戯　台湾の民間芸能の一つ。手を人形衣装の中に言えて操作する人形使いが、主な登場人物を演じ分け、すべての台詞を一人で語る。廟の境内や路上などで、彫刻を施した舞台を立てて演じられる。人ではなく、神に見せるためのもの。

金銀冥紙　紙金を燃やして神に捧げる「金の紙」と鬼を供養する「銀の紙」で、この二つを合わせていう。

台湾の大樹公信仰

❼ 伐採計画を変更させた榕樹公
道路拡張で伐採の予定であったが、陳情運動が広がり保存された。

A 台中市・松竹路の榕樹公は、道路の真ん中に位置する。
BC 道路拡張計画による伐採に対する陳情運動の内容を誇らしく記録した看板。近年、台風で右側の巨木が倒れたが、切るのを惜しみ、何年もそのまま置かれていた。

　神木の下に幕を作り、丸いテーブルに10人ずつ座り総勢500人前後が集まる。地元有志の参加も多く、挨拶しながら酒を交わす。旧暦8月15日といえば、台湾はまだ真夏日であるが、皆御馳走や多くの人々との話を楽しむ。

　もう一つは大抗地域の祭であるが、ここは本来、福会が行われていなかった。1999年に起きた「921大地震*」により、この地域では多くの犠牲者が出て、たくさんの家屋も倒れた。そして人々は協力し合って悲しみや困難を乗り越えて復興に励んだ。このことを忘れないために、年1回地域住民が集う場として2002年から「福会」が行われるようになったのである。

　このように、大樹公信仰は風水に基づき、子供や村を守る神であるが、人間の行為（伐採など）によって祟りも起こす「禍福」の両面をそなえている。

921大地震　民国88年(1999) 9月21日午前1時47分に台湾中部の南投県集集付近を震源として起こった大地震。台中・南投地域に甚大な被害を与え、全島の死亡者は2400人以上となった。『台中市珍貴老樹』は、地震直前（1999年8月）に刊行されたが、収録されたもののうちで倒木はなかった。

3 大樹公信仰と空間の変容

　台湾における大樹公信仰は集落の開拓とともに風水と関わる一方、義子・義女信仰を含み込みながら多様な営みの源泉となっていることをみた。大樹公には、その後、高度成長期の社会変動の中で、それ自体を含む周辺の公園化という空間変容が多くの地で起こった。つぎに大樹公の生態の持続保全に焦点を合わせて、地域社会が担った役割と合わせて考察したい。

　台湾は1970年前後から国をあげた宗教政策推進とともに、廟や寺の造営を促進してきた。さらに、1980年代以降、経済的繁栄を基盤として、地方においても宗教が着実に社会に定着する様相をみせ、民間信仰の復興が盛んになった。こうした現象は、しばしば「現世利益」や「功利性」の側面から論じられた[27]。ここでは、地域社会の中で人々が実践的に行う「公的な善意」を中心に、大樹公の空間づくりのあり方を探ってみたい。

大樹公の空間変容

　かつて大樹公は、巨木の下に石を三つ積み上げたもの（凹を逆さにした形状）や小さな祠を建てて祀るものが多かったが、1960年以降の都市化が進む中、より大型の廟が作られるものも増えていった。大樹公周辺は日常的に利用される小規模の公園として生まれ変わり、風水の力で村や農水路の水や村を守るだけではなく、日常的に利用される小さなコミュニティの場へと変化していったのである。

　調査地の中では、1960年代に台中の3ヶ所の地域で公園化が進められた。いずれも個人の土地寄付から始まり、地元住民が費用を集め合って六角亭を建設した例もある。

[27] 蔡相煇「近代化與台湾的民間信仰」『台湾文献』51巻、第2期、2000年、pp.237-240。瞿海源『台湾宗教変遷的社会政治分析』、1997年、p.600。

このような公園化は1980年代を経てさらに増加し、1990年代に入ると経済的に豊かになった地域社会は、大樹公の敷地に「活動センター」を建て、大樹公の空間全体を交流の場として再利用するようになる[28]。

このような土地寄付と土地の公有化の過程を経た、地域社会における空間との関わりは、いわば「空間の共有」としてとらえられる。従来、大樹公の土地の所有権は曖昧で、個人の所有地である場合は伐採や移動がしやすく、そのため大樹公の空間が縮小したり消失したりする事例もしばしば見られた。

それに対し、大樹公が生えている土地を「公的所有」にすることで、周囲の空間を地域のコミュニティの場として持続される形に変化させたことは大いに注目されるべきである。

事例1　個人の土地寄付と公園化

南投県草屯鎮の崎仔頭（27）では、1972年に地域の人々の憩いの場を作ろうと地元の3人の有志がお金を出し合って約500坪の土地を購入し、大樹公の周囲を整備して地域のコミュニティの場とした。土地を購入した3人のうちLさんはその理由を、「為大家（皆のため）」と語っている。

また、台中市北屯区三光里の榕樹公（7）付近は、楊金利氏が土地を廟に寄付した。2002年に六角亭をつくり、土地を寄付した楊氏を記念して「金利亭」と名づけた（8）。

事例2　行政の支援による大樹公の公園化

地域の人々の寄付行為などによって大樹公の小公園化が進められたが、近年では行政の支援によって再整備される傾向にある。行政は地域の活性化や観光地化、環境保護を試みる一環として大樹公の空間整備にたずさわっている。特に大樹公の生態環境を重視した小規模の公園づくりが各地で進められた。以下に例をあげてみよう。

南投県草屯鎮坪頂里の七股樟樹（3、23）は、村の開

[28] 高度成長期の経済繁栄を迎えた台湾では、「廟を作ると3代にわたって食べるものや着るものに困らない」という意味の「蓋廟賺大銭」や「蓋在廟、三代人不愁吃穿」といった言葉が流行し、廟へ現世利益を求める人々が急激に増えた（李春子「東アジアにおける杜の信仰と持続」、京都大学博士論文、2003年、p.75-76）。

❽ 大樹公の整備と管理

A 三光里の大樹公の前には、土地を寄付した人（楊金利さん）の名前をつけた「金利亭」が建っている。
B 紙金を金爐で燃やす参拝者（台中市・茄苳廟）。
C 煙突から煙を出す金爐（台中市・澤民樟公樹）。多くは木の近くにあり、時に枯れる原因ともなる。
D 管理する住民は、定期的に金爐の灰を取り出す作業なども行っている（台中市・三光里榕樹公）。

拓先祖の伝承とともに荘厳な姿で訪れる人々を魅了する大樹公である。もとの廟は、1971年に地元の信徒たちが資金を出し合って建てた。神木の枝が枯れて元気がなかったため2003年度から地域の大樹公の環境整備が進められ、行政と地元の座談会が100回近く行われた。2004年には、大樹公の近くにあった駐車場を取り除き、さらに廟を撤去して大樹公の神像を別の廟に移動させた。参拝者が燃やした紙金（金銀冥紙）の煙が神木に影響を与えるという理由で、住民は廟の移動に同意したのである。

　大樹公の周囲の公園化は、生態保存を目的とするだけではなく、空間の再利用や「巨木めぐり」などのイベントを催すことによる地域の活性化をめざす試みでもある。本来、大樹公にあった宗教色は薄められたが、地元の人々は「大樹公の周辺がきれいになり、多くの人々が訪れるとカミさまも喜ぶ」と、この変化に好意的である。

　このように従来、地域住民を中心に始められた「小公

園化」が、行政の支援と地元との相互作用によって再整備される形に変化したことは、大樹公の空間を持続的に利用しようとする意識が社会全体に広まっていることを示しているといえよう。

大樹公と都市化（対立から融和へ）

　植物という生き物として土地を必要とする大樹公は、時には道路工事や建物の建設などによる伐採の危機に遭遇する。開発や近代化などで大きく揺れ動いた高度成長期以後、行政における大樹公の伐採をめぐって地域社会の人々は嘆願書を書き、時には激しい示威行動も辞さない陳情運動を展開してきた。ここではその陳情運動に成功した二つの事例を取り上げて、杜の持続に関わる人々の実践について考察したい。

　事例１　道路拡張工事による移動に反対

　台中市松竹里の２本のガジュマル（**4**）は福建省から移民したＲさんの曾祖父、阿煌が植樹したという由来がある。1986年、都市計画で道路を拡張する工事があり、大樹公と土地廟を移動するように指示があった。しかし、Ｒ氏をはじめとする地元の多くの人々が強く反対し、嘆願書を書き、署名を集めるなどの陳情運動を行なった結果、神木は伐採を逃れ、道路の真ん中に堂々と残されることになった（**7**）。

　大樹公の前にある台中市政府が立てた標識には「陳情」に関する記録が詳細に記されている。残念なことに、２本のご神木のうち１本のガジュマルは2005年の台風で倒れた。人々はわずかに残った枝を近年（2010年）まで残して惜しんだ。

　事例２　高速電鉄のルートを変更させた「紅布と緑樹運動」

　もう一つ、保存運動の例として、新竹県にある樹齢300年のクスノキの大樹公（**16**）がある。1996年、高速電鉄の工事で大樹公の伐採が決定された。これに立ち向

A 大樹公に赤い布を巻く運動メンバー。（写真提供：地域住民）
B 大樹公を避けるルートで完成した高速電鉄。

移植・伐採に反対する地元住民による「紅布と緑樹運動」の結果、高速電鉄は線路のルートを変更、伝統文化保護の実績としてテレビコマーシャルなどにも登場した。

❾ **紅布と緑樹運動**

かって保護運動を行ったのは、当時の里長であったOさんたちで、「紅布と緑樹運動」と名づけられ、地元の人々へと広がった（❾）。

　地域の文化や伝統を無視して都市化を推し進めようとする行政を批判する記事や、地元の数々の示威行為が効果をあげ、高速電鉄の線路は当初、3万元の補償で伐採される予定であった大樹公を避けるように迂回して敷設された。ルート変更のために道路局が費やした莫大な費用などは大樹公保存の新たな伝説となり、一連の活動は新竹市の「保護樹条例」指定のきっかけともなった。2010年現在、Oさんの写真が高速電鉄の宣伝素材として、新竹駅に大きく揚げられていることは実に興味深い。

　これらの大樹公に対する活発な保全活動は、次第に社会に広がり新たな保全に影響を及ぼしていった。同じ新竹県の寶山(パオシャン)第二水庫（ダム）の伯公は近年、行政と地元が合意して、大樹公の移植を成功させた例である。水没

した22の集落の当時の土地公の位牌をこの祠の中に収め、クスは2005年に移植、2007年に周囲の整備も行われた。

こうした「陳情運動」の特徴は、利便や合理性を追求する変化に対して地元住民が抵抗するという図式をもち、伝統を組み込んだ近代化を目指し実現したといえよう。今後の都市化と自然の共存を考えさせる事例でもある。

4 大樹公の生育問題と保護処置

大樹公の生育問題

大樹公はその文化的重要性の認識が大切であると同時に、生育の保全を持続的に行うことも重要である。調査地の大樹公の生育環境を見ると、特に都市の大樹公にはさまざまな課題が浮かびあがる。大きく分けると、自然災害（地震、台風など）と人為的関わりの問題である。

まず、自然災害のうち、地震による影響はどうか。1999年9月21日、M7.6だった921台湾大地震では、本調査対象になった大樹公の倒木はなかった。しかし、台風の際、倒れたのは調査開始以来、**4**の松竹路（2005年）、**6**の大坑（2007年）、**25**の上林里の榕樹（2002年）の3ヶ所もある（**7**、**10**）。地元住民の中には「大樹公は自然だから仕方ない」という人もいるが、詳しくみていくと倒れる前に、根の腐朽菌[29]や病虫害などですでに問題を抱えていた老樹である場合が多い。早めに専門家や樹木医の派遣や定期的巡回など、適切な措置を行うことが今後は必要となるだろう。

次は人為的関わりの課題をみよう。まず、大樹公の生育空間の問題である。大樹公の空間の「小公園化」が進んでいることは先に述べた。植物としての生育空間に配慮せず、人間が近づいて休めるかどうかを重視した結果、

腐朽菌　セルロースなどを分解する能力をもち、樹木を劣化させる菌。根の腐朽菌で最も多いのは「樹木褐根病（台湾での名称）」で、ガジュマルに被害が多い。

[29]　傅春旭博士らの調査によると、彰化で68％、台南で92％が感染している（傅春旭・張東柱『老樹木材腐朽菌図鑑』）。

大樹公の周囲をセメントで固めている事例が多い［例：健行路（**3**）、軍功里（**5**）、三光里（**7**）など］。また、根の近くに廟を建立したため神木の生育空間をせばめている。

特に、台湾の大樹公の空間の特徴は「俗の中の聖地」であることであり、日々誰もが利用できる。緑の少ない町の中の大樹公の空間は日頃、常に人々の出入りが頻繁で、多くは老木である大樹公にとって踏圧や車の往来は大きなストレスになり、樹勢の衰退をも招く場合がある。

地域のシンボルである大樹公をすべて行政に委ねるのではなく、生育保全のための適切な知識の普及と措置に専門家や行政・地域社会が一体となって取り組むことが必要である。すでに見てきたように、人為的関わりのもう一つ重要な点は、都市化の中、建物や道路の建設などによって伐採される場合があることである。生育環境の保全のためには、行政における条例の制定、それに基づく持続的な保全措置が重要となる。

行政の取り込み

台湾全体としては、1982年5月26日に総統令制定の「文化遺産保存法」が公布され、それにともない「珍貴老樹」を保護する計画が実施された。

台中市は1994年、台湾省農林庁、文献委員会とともに「珍貴老樹」の全面調査を行い、25ヶ所（36本）の樹木を指定した[30]。大樹公保護のために台湾でとられている措置は、条例に基づく樹木の実質的保護措置で定期的に行われている。台中市では、年間を通して一定の予算を組み、病虫害の駆除や生態保全のための措置に努めている。また、市内の教員を中心に、老樹についての知識を教えながら現地を回る研修ツアーが毎年行われている。

ここでは、調査地の台中市の自治条例をとりあげて、それらが大樹公の持続にどのように関わったかをみてみたい。巻末に掲載した「条例比較表」をみると、条例第

[30] 『台中市珍貴老樹歷史源流與掌故伝説』と『樹立文化城　台中市珍貴老樹』が出版された。

7条では、道路工事の時、もともとあった土地廟と杜は「元の場所」に保留するのが原則と明記されていることは注目に値する。しかし、維持と保全の項目が明記されていないことや土地の買収が行われない点は、今後、考慮すべき課題である。このような保護条例により、老樹は行政の指導のもと着実に保護されるケースが増えた。例えば、南投県上林里では、2002年7月に台風でガジュマルの巨木が倒れたが、クレーン2台によって引き上げ、植え替える措置を行政の協力のもとで成功させた。新しい樹木を植樹したほうが簡単で、費用も少なくすむが、地元住民は「大樹公は古い友人で大切だ。古い友人が病気になったといって、簡単に切るわけにはいかない。力を尽くすべきだ」と語っていた（⓾）。

大樹公と地域社会

多くの大樹公に、何らかの形で必ず杜を管理している人々がいる。個人の日常における行いが大樹公の持続につながる実践的な行為である。功利主義ではない、個人の行為「公的な善意」として日々活動している。ここでは三つの事例をあげておく。

まず、Kさんは危険な道路局の仕事を無事勤め上げ、家族が幸せでいることは神様のお陰と考え、毎日の掃除をはじめとするすべての管理を引き受けている。彼は「為大家善事（皆の為に良い行いをする）」だけという。

もう一人、Oさんの出身地は、現在暮らす台中の中心部からは北へ20kmほど離れた后里（ホウリー）である。そこから移り住んで20年余り、父親とともに金属関係の事業を起こして成功し、家族も皆元気で幸せに生活しているという。Oさんは成功に対する感謝の気持ちを、他郷に「回帰」する意味の「回帰到台中」と表現した。このように大樹公には、必ず無償で管理や世話をする人々がおり、必ずしも現世利益だけでは説明しきれない「公的善意」を行

A 台中市・大坑円環楓香の2005年の姿
B 2010年の姿（2007年に台風で倒れた）
C 「大坑の福会」。「921大地震」で多くの犠牲者が出たこの地域では、復興に励んだことを忘れないために、新たに2002年から「福会」を始めた。
D〜F 南投県上林里では、2002年の台風で倒れた神木を、条例に基づく行政の支援で植え直した。Eは、この時、積極的保全を進めた地域の人々。

❿ 自然災害からの復活

うという側面があり、それが地域社会の秩序につながっていることがわかる。

また、南投県草屯のIさんは先祖代々、大樹公の世話をしてきた。Iさんは毎日、杜に来て掃除や管理を行っている。30年前、大樹公の付近の土地を3人で買い取り小公園化を進めた。なぜ、杜の管理に携わるかを聞くと、「為大家做作善意（皆のため善を行うことだ）」と答えた。

これら三つの事例はそれぞれの人の個人的な意思によって大樹公の管理が長年無償で行われてきたことを示している。台湾の民間信仰は先に述べたように「現世利益」の側面から取り上げられる場合が多い。しかし、信心深い人々にとってカミとの交流は「日頃」から地域の人々に対し長年にわたって「善」の行いをすることであ

る。大樹公が守られるのは、住民に負担となる義務というより、このような信心深い宗教的な人々の日常的管理によるところが大きいといえよう。近年台湾では、地域社会を中心に老樹の保全に取り組む動きが活発である[31]。このような教育の現場や地域社会が連携した多様な営みは、老樹保全の基盤形成につながるといえよう。

5 まとめ

　大樹公は古くは古代の「社」につながり、『説文解字』で示したようにそれぞれ適した樹木が崇められた。調査で明らかになったようにガジュマル、アカギ、クス、マンゴ、デイゴなどがあることがわかった。これらの樹木は、もともと移民初期から地域社会と深い関わりを持ったことから地名の由来ともなった。開拓を進める際、もともとあった巨木・老木を残存させて崇めたものも多く、灌漑を進める際に風水思想の関わりから水を守る意味合いで植樹された伝承があることもわかった。やがて大樹公信仰はその生命力を授かり、子供の成長を見守る「義子・義女信仰」に結びついた。

　現在も大樹公の空間は「公的善義」の考えをもつ人々によって日常的に管理されており、祭になると子供の参拝とともに福会を通して、コミュニティの結束を深める場となる。近年、都市化とともに大樹公文化と近代化の対立もあったが、地域社会の実践によって融和への道が開かれたように思う。

　しかし、大樹公の生育状況をみると狭い生育空間や病虫害などさまざまな課題が浮かび上がっており、都市における大樹公保全の困難さも示している。今後、持続的保全のための措置について、行政と地域社会が協調しながら取り組む必要があるだろう。

[31] ここで、台北の深抗国民小学（「深坑国小礼堂」は1899年に建設された）の事例をみよう。この学校では子供たちに樹木の病気や管理などを教育する多様な取り組みがある。また、地域社会の人々がささやかな募金を集めて行われている「希望の木」奨学金制度は、一人500元の奨学金を与える。決して大きな金額ではないが、援助を受けた学生は、大人になってから老樹の保全に関わる何らの力になることを願うだろう。

A

台北市
新竹市
新竹県 B
台中市 A
南投県 D
花蓮県 E
嘉義県 C
嘉義市

后里区
后里IC
后里
15
14
頂山
塯頭山
13
石岡区
豊原ゴルフ倶楽部
台中JCT
神岡区
豊原IC
豊原
豊原区
新社区
中山高速公路
林牛山
譚子
譚子区
台中市
大雅区
大雅IC
西平山
4
11
5 6
台湾高速鉄路
西屯区
台中IC
北屯区
観音山
東海大学
台中国際ゴルフ場
8 7
太原
国立自然科学博物館
北区
中彰快速道路
9
3
南屯IC
10 1
国立台湾美術館 西区 中区
台中市政府 台中
東区
縦貫鉄路
2
大慶
南区
高鉄台中
烏日
大里市
12

0　　2km

地図

E

花蓮市
花蓮
吉安
吉安郷
秀林郷
南投県
壽豊
31
壽豊郷
花東線
萬榮郷
32
鳳林
鳳林鎮
花蓮県
光復
光復郷
33
豊濱郷
瑞穂郷
瑞穂
太平洋
卓渓郷
玉里鎮
玉里
34
台東県
富里郷
35
富里 36

0　5km

台湾の大樹公信仰

台中市

1 茄苳廟

【所在地】台中市西区梅川東路1段91号
【樹種】アカギ林
【祭礼】旧8月15日

老若男女から親しまれ参拝の絶えない廟

【位置・由来・特徴】民国68年（1979）、農林省巨木保全運動が進められた時、ある個人が土地を廟に寄付し民国71年、茄苳廟を建てた。民国84年（1995）台中市が茄苳公園を作り、多くの人々の憩いの場となった。義子・義女が1000人を超えると言われ、祭には多くの子供が親とともに参拝する。

2 樹徳里の榕樹

【所在地】台中市南区樹徳里正徳3巷9号
【樹種】ガジュマル、アコウ　【祭礼】旧8月15日（福会）

ガジュマルとアコウが織りなす造形

【位置・由来・特徴】ガジュマルとアコウが土地公廟を抱くようにかぶさり奇観をなす。土地は個人の私有地であるが、民国61年（1971）に活動センターが建てられ近隣の人々の憩いの場になっている。旧暦8月15日は「吃福」があり、この地域に来て成功した者がお金を出して客をもてなすことが多い。近年、中山医学院の施設が近隣に建ったため、患者のお参りが増加している。

3　健行路の榕樹

【所在地】台中市北区頼村里健行路603号
【樹種】ガジュマル
【祭礼】旧8月14日（福会）

お茶やおしゃべりはガジュマルの木の下で

【位置・由来・特徴】大雅路と健行路の交差点に位置する。ガジュマルは、1940年前後に地元の劉淡秀さんが植えたという。地域住民が毎日のようにお茶を飲んだり、将棋やおしゃべりを楽しんでいる。土地廟のある土地は、ある婦人が所有地（畑）を寄付したものとのこと。

4　松竹路の土地廟と大樹公

【所在地】台中市松竹路　【樹種】ガジュマル
【祭礼】旧8月15日（福会）

地域住民が救ったガジュマル伐採の危機

【位置・由来・特徴】松竹路の道路の真ん中に位置する。清朝の時代に開拓され、阿煌という人物が植えたと伝わる。かつては、郊外と町の交通の要地で多くの旅人も参ったという。1982年、道路拡張工事のため、伐採予定だったが、近隣住民による陳情の結果、もとのまま保全されることになった。福会では400～500人もが共食する。

5 軍功里の土地廟とアコウ、マンゴー

【所在地】台中市北屯区軍功里東山路297号
【樹種】マンゴー、アコウ　【祭礼】旧8月15日（福会）

マンゴを食べて、樹木に感謝

【位置・由来・特徴】本来は茄苳（アカギ）が生えていたが、アコウが根を降ろしてから、茄苳が枯死してしまい、アコウの成長が旺盛になった。昭和11年（1936年）、日本植民地時代に建てられた石碑がある。3本のマンゴーは甘い実がたくさんつき、「マンゴーを食べて、樹木に感謝」という。近年、そばに高架道路が建設されたため、樹木への影響が懸念される。

6 大坑円環楓香

【所在地】台中市北屯区東山里東山路
【樹種】カエデ　【祭礼】旧8月14日（福会）

かつての原住民と漢民族の往来を見守った楓

【位置・由来・特徴】原住民と漢民族の境の地にあたり、かつては多くの人々の往来を見守った。昔はカエデの下に三つの石を祀っていたが、民国51年（1962）に土地廟が作られた。民国60年（1971）、東山路の道路の拡張計画があったが、地域住民が猛烈に反対して保存された。民国88年（1999）、921大地震の際、台中では多くの犠牲者が出たが、悲しみを乗り越え再建に励むことを目的に、2002年度からこの場で「福会」が行われている。民国98年（2009）の台風で、空洞になっていた枝が折れ、外観がかなり変わった。

台湾の大樹公信仰

7 三光里の土地廟と榕樹公

【所在地】台中市北屯区三光里太原路三段535号
【樹種】ガジュマル 　【祭礼】旧8月16日

ガジュマルの下には祠を祀る

【位置・由来・特徴】もとはガジュマルの下に土地公の石を祀った。ガジュマルの下には「榕樹公」という祠がある。かつて楊金利さんが土地を寄付したので、民国91年（2002）に「金利亭」と名づけた亭が建てられ、憩いの場になっている。毎日、掃除などを地域の人々が行い、管理している。

8 太原路の土地廟とマンゴー

【所在地】台中市北屯区三光里太原路の川沿い
【樹種】マンゴー 【祭礼】旧8月15日

土地公とともに地域を守るマンゴの木

【位置・由来・特徴】台中の川沿いに位置し、樹齢150年前後のマンゴーの木がご神木になっている。土地公とともに地域を守る神木として崇められる。廟が老朽化してきたため、新しく建てなおす計画が進んでいる。

9 台中港路の榕樹公、茄苳公、土地公

【所在地】台中市西屯区何安里台中港路二段41巷27号
【樹種】アカギ 　【祭礼】旧8月15日

村人を戦火から守り抜いた榕樹公廟

【位置・由来・特徴】太平洋戦争の際、村人は樹木の陰の下に隠れて1人も死者が出なかったという。もとはガジュマルが生えており、「榕樹公廟」の由来になったが、民国59年（1970）の台風で倒れてしまった。現在はアカギが生長し、そのまま「榕樹公廟」の名で祀られている。民国60年に「榕樹公園」が作られ、付近の憩いの場になっている。榕樹公、茄苳公、土地公の三尊神像がある。祭には、義子・義女のお参りがあり、ガジュマルの葉を子供の首に飾る。

台湾の大樹公信仰

10 台中港路・興農宮の榕樹公

【所在地】台中市西区忠明里台中港路1段283巷33号
【樹種】ガジュマル
【祭礼】旧8月15日

爆弾もよけたガジュマル

【位置・由来・特徴】台中港路1段興農宮の隣に位置する。農民たちが、ガジュマルを植えたと伝わる。かつては木の下で勉強をしたといい、今も子供や周辺住民の憩いの場になっている。植民地時代、爆弾が飛んできたが、木には落ちず、田んぼに落ちたという。以前、枝が伸びすぎたとして、その枝を切った人の家は火事になったとか。

11 同平路の榕樹公

【所在地】台中市同平37-1　【樹種】榕樹
【祭礼】旧毎月1日、15日

水牛も使ったかつての水田地帯のガジュマル

【位置・由来・特徴】かつて一帯は水田が広がり、水牛を使う農家も多かった。池があり、水牛の休み場だったが、埋め立てられて今は水田になった。1933年、榕樹の下に「普済梨蒸」の祠が建てられた。付近の林家が、毎月お参りをし、掃除などの世話もしている。

⑫ 樹王里の茄苳公

【所在地】台中市大里区樹王里東興路191
【樹種】アカギ　　【祭礼】旧8月16日

別名「涼傘樹」と呼ばれる理由とは

【位置・由来・特徴】樹形が傘のように広がり、別名「涼傘樹」と呼ばれる。地元の伝承では、清朝の時、嘉慶君（後の嘉慶帝）が台湾へ遊覧に来て、この木の下で雨を避けて傘になったという言い伝えがある。義子が多く、地元の信仰が厚い。茄苳公はこの地域のシンボルでもあり、「樹王里」という地名の由来になった。近年、樹勢が弱ったが、懸命な保全活動が功を奏し、元気を取り戻した。

⑬ 五福臨門神木

【所在地】台中市石岡区龍興里萬仙街
【樹種】ガジュマル、ソウシジュ、エノキ、クスノキ、タブノキ　　【祭礼】8月15日

伐採をまぬがれ守られた美しい景観

【位置・由来・特徴】五福臨門という名前は、民国65年（1976）に蒋経国総統が命名（五つの樹木である榕樹、相思樹、朴樹、樟、楠）した。日本統治時代、樟脳を取るために多くのクスノキが伐採されたが、このクスノキは「母樹である」として住民が反対し、伐採をまぬがれた（36号母樹）。広い敷地にゆったりと幹を広げ、こんもりした森を成す美しい景観によって観光地としても知られ、参拝者が絶えない。

台湾の大樹公信仰

14 日月神木

【所在地】台中市后里区成功路490巷86号　　【樹種】クス、ガジュマル　　【祭礼】旧8月15日

樹齢1000年と言われる「日月神木」

【位置・由来・特徴】ここに並び立つ「日―樟公（クスお爺さん）」、「月―榕媽（カジュマルお婆さん）」と呼ばれる2本の巨木がある。民国45年（1956）に「福徳祠」が建てられている。もとは、三つの石を「石頭公」と呼んで祀ったものだという。樹齢1000年といわれ、「日月神木」は楊新丁さんが命名した。避雷針を立てるなど保全に力を入れている。木陰は夏でも涼しく、観光地としても知られるようになった。

15 澤民樟公樹

【所在地】台中市后里区月眉村雲頭路45-1号　　【樹種】クス　　【祭礼】旧8月1日

李登輝元主席が命名した樟

【位置・由来・特徴】民国71年（1982）、台湾主席李登輝が「澤民樟公樹」と命名した。以前は祠がなかったが、夢に現れて土地公の祠を立てるように示したという。毎年8月15日には、台湾各地から訪れる信徒や義子の子供の参拝が絶えない。日本統治時代、クスの枝を切った日本人は病気にかかったという。

新竹県

16 開山伯公

【所在地】新竹県東区金山面
【樹種】クス　　【祭礼】旧8月15日

樹木保護保全運動の象徴

【位置・由来・特徴】金山面風空地域の小高い丘に位置して、客家人が祀る土地公＝「伯公」のクスノキである。清朝時代から樟脳を得るため、多くの樟が伐採されたが、この木だけは守ったという。1996年、高速電鉄の線路建設で伐採予定だったが、「紅布と緑樹」の保全運動がくり広げられ、1999年、保全を決定、「新竹市樹木保護自治条例」作成のきっかけともなった。テレビ広告などにも登場する。

17 寶山水庫の樟樹公

【所在地】新竹県寶山第二水庫管理中心
【樹種】クス　　【祭礼】旧6月12日

ダム底に沈むため移植され守られた大樹公

【位置・由来・特徴】寶山水庫（ダム）の建設で水没した村の伯公（大樹公）だったが、地元の嘆願で、民国94年（2005年）寶山第二水庫管理センターの横に移植され、民国96年には周囲が整備された。水没した22の集落の当時の土地公の位牌が祠の中に収められている。かつての信徒や寶山第二水庫管理中心の事務員などが毎月お参りをする。大樹公を移植した記念日が祭礼の日となり、旧暦6月12日である。

18 横山国小前の樟樹公（フンサン）

【所在地】新竹市・横山小学校前
【樹種】クス　【祭礼】旧8月15日

今も変わらず地域住民から大切にされる

【位置・由来・特徴】横山小学校の入り口に位置する。避雷針、自動噴水が設置され積極的に保護されている。日本統治時代に樟脳を採取するために伐採しようとしたが、地域住民が反対して守られた。小学校の前に位置して地域の子供を見守り、住民の憩いの場所になっている。

19 石版伯公

【所在地】新竹県横山郷
【樹種】クス　【祭礼】旧8月15日

大地への敬意の意「石版伯公」

【位置・由来・特徴】清朝の嘉慶年間(1860)に横山連興庄官職が、家族とともに三條の地に入り、谷水の豊かなこの地を開拓したと伝わる。大陸から来た人々が土地を開墾する際、大地への敬意として「石版伯公」を立てて祀った。

20 七星正徳

【所在地】新竹県峨眉郷七星村60-7
【樹種】アカギ　【祭礼】旧8月15日

なぜアカギの真ん中に空洞ができたのか

【位置・由来・特徴】獅山遊樂区の川沿いに位置し、こんもりした森を形成する。土地廟は国民78年（1989）に建てられた。茄苳の真ん中が空洞になっている。これは十数年前に賭け事の一種「大家楽」が流行った時、ある人がお香や金紙を内部に入れて拝んだため火事になった。幸い消防車によって消し止められたが、今のような状態になってしまった。アコウが寄生しているが、至急に除去すべきである。

嘉義県

21 樣仔王公廟

【所在地】嘉義県菁埔郷第8鄰130号
【樹種】マンゴー
【祭礼】旧2月22日

人々の願いが込められたマンゴーの伝説

【位置・由来・特徴】菁埔国小の後ろ、西安府の横に位置する。増田福太郎の著書（1938年）に、「死んだはずの子供をマンゴーの木の下に置いて戻ると子供を生き返らせたので、神の像を刻み、廟を立てた」と記されている木である。「樣仔」は台湾でマンゴーの意味。

嘉義市

22 劉萬霊廟厝・松仔公

【所在地】嘉義市大信街と大富路の交差点　【樹種】ガジュマル　【祭礼】旧9月28日

鳥からも愛される憩いの場所

【位置・由来・特徴】かつて劉厝里の公墓が付近にあった。現在、榕樹の広い敷地は多くの鳥の棲みかにもなり、住民の憩いの場所である。地域の活動も盛んである。閩南語の発音では榕樹が「Cing-a」となり、発音が似ているため榕樹を「松樹」とも呼ぶ。

南投県

23 七股樟樹

【所在地】南投県草屯鎮坪頂里七股　【樹種】クス　【祭礼】旧6月24日

病にも屈することなく健在な樟樹

【位置・由来・特徴】乾隆40年（1775）に福建省漳州の李龍科など7人が開拓した地であることから「七股樟樹」と名づけられている。日本統治時代、樟脳を得るため伐採しようとしたが、不思議な出来事が起こり伐採できなかったという。国民92年（2003）まで廟があったが、神木の生態保全のために、廟を別の場所に移して、新たに憩いの場として公園化した。地域住民に活発に利用されている。

24 龍徳廟榕樹公

【所在地】南投県草屯鎮龍徳廟
【樹種】ガジュマル　【祭礼】旧8月15日

大洪水から人々を救った榕樹

【位置・由来・特徴】龍徳廟前に位置する。国民47年（1958）の「八七大洪水」の時、ガジュマルのおかげで数十人が助かり、その後「榕樹公」の祠を建てた。国民60年（1971）、道路工事計画により伐採の危機にあったが、地元の人々がかつての水害の時の恩に報いるため陳情活動を行い、残された。多くの義子・義女がいる。

25 上林里の土地廟と榕樹公

【所在地】南投県草屯鎮上林里草渓路180-3
【樹種】ガジュマル　【祭礼】旧8月16日

女性信徒が多い子安信仰の石榕公

【位置・由来・特徴】ガジュマルの前に置かれた石三つを拝んだことが始まりという。ガジュマルが土地廟をおおうようになり、「石榕公」と呼ばれて、土地公も同じ場所で祀られている。義子が多く、子安信仰の対象となっているため女性の信徒も多い。国民91年（2002）、台風でガジュマルが倒れたが、地元住民が行政の協力を得て植え直し、緑を少しずつ取り戻している。

26 敦和里の土地廟と榕樹公

【所在地】南投県草屯鎮敦和里敦和路83号
【樹種】ガジュマル　【祭礼】旧2月2日、8月15日

地域住民、子どもたちの憩いの場

【位置・由来・特徴】敦和国民小学の前に位置して、もとは三つの石が祀られていたが、現在は神木のガジュマルの根に囲まれて見えない。乾隆初期、福建の李創率が親族を連れてこの地に渡り、村を開拓した時から祀られたと伝わる。義子・義女が多く、近隣住民や子供の憩いの場になっている。祭では、神にお金を供えた参拝者が、名前を紅紙に書いて木の周りにつるす。

27 崎仔頭大榕樹公

【所在地】南投県草屯鎮敦和里115 崎仔頭
【樹種】ガジュマル 【祭礼】旧2月2日、8月16日

風水の意を込められた神木

【位置・由来・特徴】崎仔頭の村はずれ、水田の水路が通る場所に位置する。かつては木の下に三つの石を祀ったという。神木は風水の意味もある。国民61年（1972）に土地公が道路の前から移動された時、「大榕樹公」の祠が建てられた。国民71年（1982）、李清炎ら仲間3人が敷地を購入、村人が寄付して舞台や休み場を作り、近隣住民や子供の憩いの場になっている。

28 茄苳樹王公

【所在地】南投県埔里鎮同声里隆生路興南宮
【樹種】アカギ 【祭礼】旧8月7日

地域を代表する「茄苳」

【位置・由来・特徴】かつてこの地域の地名が「茄苳脚」であったことからも、地域を象徴する存在だったことがわかる。「茄苳樹王公」の祠がある。台中市にある「茄苳樹公廟」の信徒との間でお互いの祭を通じた往来がある。義子信仰も強く、義子・義女が数百人いる。土地は個人の私有地なので、今後の保全のため買収が必要という声がある。

㉙　大衆爺祠の樟樹公

【所在地】南投県集集鎮和平里中集路　　【樹種】クス　　【祭礼】旧2月2日、8月23日

各地のクスが伐採された時代を乗り越え

【位置・由来・特徴】集集鎮和平里の「大衆爺祠」は道光年間の殉難軍人の霊を祀ったもので、前の「樟樹公」は義子が多い。植民地時代、樟脳を取るために、当時の郡守が切ろうしたが、不思議なことが起きて断念したとされる。旧8月23日の祭には多くの人で賑わう。「大衆爺祠管理委員会」が管理している。

㉚　竹山鎮茄苳廟

【所在地】南投県竹山鎮中和里中和路39号
【樹種】アカギ　　【祭礼】旧5月10日

水災いを予言する不思議な力

【位置・由来・特徴】民国74年（1985）に建てられた「茄苳廟」は義子・義女信仰が強く、多くの子供を見守っている。水害が発生する前には、「ふ～ふ～」と茄苳公が泣いたと伝わる。民国77年（1988）、周囲に亭が作られ、近隣の人々の憩いの場となっている。

花蓮県

31 光榮村阿美族文化会館のデイゴ

【所在地】花蓮県寿豊郷光栄村光栄一街26号
【樹種】デイゴ　【祭礼】豊年祭（旧8月）

阿美族の先祖が植えたと伝わる木

【位置・由来・特徴】阿美族の村で、村の集会所（社区活動センター）広場の横に位置する。阿美族の先祖が農地を開拓した時に植えたという。活動センターを建てる際、多くの植物は切られたが、このデイゴだけは残された。8月22〜27日には豊年祭が行われる。集会所には、豊年祭のようすをくわしく紹介したパネルが展示されている。

32 南平里平和路の茄苳公

【所在地】花蓮県鳳林鎮南平里平和路31号　【樹種】アカギ　【祭礼】旧2月2日、8月15日

日本統治時代の心のより所

【位置・由来・特徴】この地はかつてアカギ（茄苳樹）にちなんで「茄冬脚」と呼ばれたが、民国34年（1945）の光復後、鳳林鎮南平里と改称した。日本統治時代にサトウキビ畑があり、アカギの下に工場の人々の寮が設けられていた。アカギに鐘があって、日々の仕事の時刻を知らせた。工場できつい労働に従事していた人々にとってアカギは心のより所になったと言われる。近年、台風の被害を受けたが、周囲のビンロウジュを切り、保全を行った。

台湾の大樹公信仰

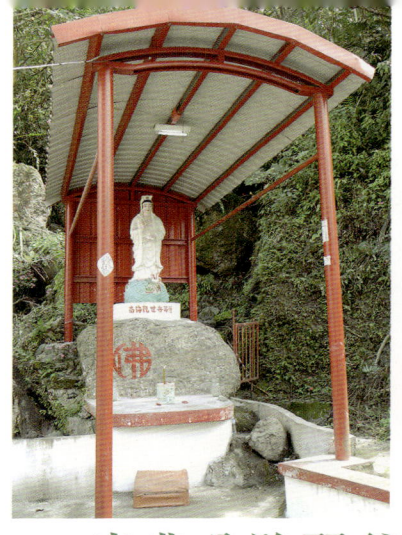

33　光豊公路翠谷段の茄苳公

【所在地】花蓮県豊浜郷光豊公路翠谷段10km　　【樹種】アカギ　【祭礼】旧8月16日

道路拡張工事にともなう伐採をまぬがれる

【位置・由来・特徴】民国49年（1960）から55年（1966）まで道路拡張工事があったが、不思議なことが起きてこの木の伐採は断念されたという。アカギの葉はお茶にして飲むとあらゆる病に効くとされる。旧8月16日の土地公の際には、鳳林・豊浜などの信徒たちが参る。一角には、観音菩薩を祀る。蓮池水と名づけられた貯水庫も設けられている。

34　安通の榕樹公

【所在地】花蓮県玉里鎮樂合里安通33号
【樹種】ガジュマル　【祭礼】旧2月2日、8月15日

陳氏一族が紅布を締めて祀る

【位置・由来・特徴】2本のガジュマルが集落の入り口に位置して、夏は涼しい憩いの場所になっている。数年前から陳氏一族が紅布を締めて、毎年旧暦の2月2日、8月15日にお酒とお香を供える。

台湾の大樹公信仰

㉟ 東興社区の茄苳公

【所在地】花蓮県富里郷新興村十鄰東興社区
【樹種】アカギ　【祭礼】旧2月2日、8月15日

食糧の隠し場所だった神木の洞(うろ)

【位置・由来・特徴】山麓に位置、アカギは水分が多く、燃えにくいので薪にできず残したと言われる。神木の中は空洞で天然の貯蔵庫になり、日本統治時代に人々は食糧などを隠したという。戦争が終わって、真っ先に土地公を建てた。大きな木陰は、憩いの場になっている。旧暦の2月2日、8月15日は祭を行う。

㊱ 永豊村復興里の復興伯公

【所在地】花蓮県富里郷永豊村復興里64号
【樹種】ケヤキ
【祭礼】旧2月2日、8月15日

道路建設により失われた森の生き残り

【位置・由来・特徴】山々に囲まれた美しい水田の中に位置する。以前は、一帯が森であったが、道路が造られて木々は失われている。客家人の伯公は、民国69年（1980）に11人がお金を出し合って建てた。祭は、旧暦の2月2日、8月2日に行われる。

まとめ

1　共通点と多様性

　東アジアの神の木・杜の信仰は「共通点と多様性」としてまとめられる。その植生は、次ページ以降のグラフでわかるように台湾はガジュマル、クス、アカギなどが主流で、韓国と日本はケヤキ、エノキ、マツなどである。沖縄は、ビロウ（クバ）、ガジュマル、テリハボク、フクギなどである。これらは特定の樹種の比率が高いが、それぞれ地域に適した特定の樹種が「神の木々」として崇められていることが明らかになった。それらは水と深く関わる共通点がある。特定の景物を神聖視することを薗田稔は、「生業構造における稲作の生業と水と深い関わりを表す」[1]と言及しているが、特定の自然に神を見出すのは東アジアに共通するといえよう。

　その空間は、開かれた公園のように日常的に利用される場所（台湾）と、祭以外は普段はまったく行かない非日常の場所（日本、沖縄県）、そして、その中間的営み（韓国の堂山）があることがわかった。

　グラフで明らかになったように、こんもりした森が聖域として崇められるのは、沖縄本島と八重山である。滋賀県と韓国では森と単木の両方が崇められる。また、台湾の大樹公は単木を崇めるのが主流で、見える形の神として「神像」を置いた廟、祠などを設ける場合が多い。一方、韓国と滋賀県の野神は神像も祠もなく、自然そのものを祀る形式であることがわかった。そして、沖縄ではこんもりしたウタキに神々が内在するといった信仰の営みがある。このようにそれぞれ地域で多様な信仰形態があるといえよう。

1　神聖なる景物の特定性について薗田稔は、「自然の景物すべてを神聖視するわけではない。特定の形態、特定の場といった神聖現象の隔離性を選択がなされる。その選択性は生態的に生業構造との関係で…稲作地帯なら水源の山や水口と稲種が神聖視される」（『祭りの現象学』、pp.338-339）と記述している。東アジアで特定の樹木や山に聖なる意味を付与して崇めるのは、農耕文化と水の深い関わりを表すといえよう。

滋賀　20ヶ所（調査地一覧 1〜20 参照）

〈植種〉

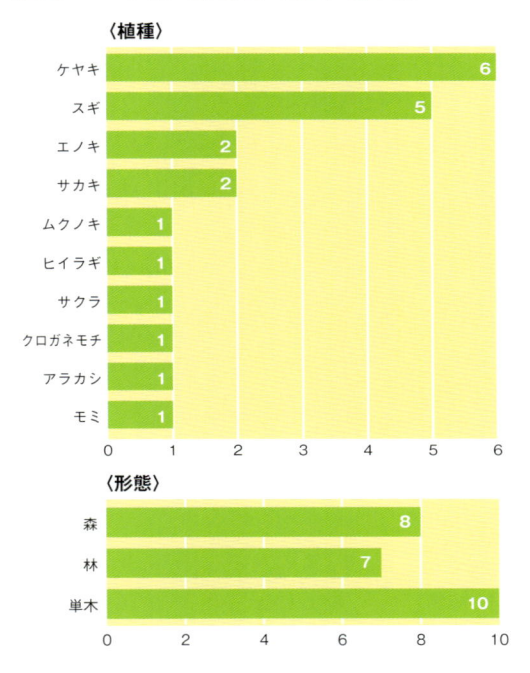

植種	数
ケヤキ	6
スギ	5
エノキ	2
サカキ	2
ムクノキ	1
ヒイラギ	1
サクラ	1
クロガネモチ	1
アラカシ	1
モミ	1

〈形態〉

形態	数
森	8
林	7
単木	10

野神

高月町の場合、石標（野大神）

甲良町の場合、小さな祠

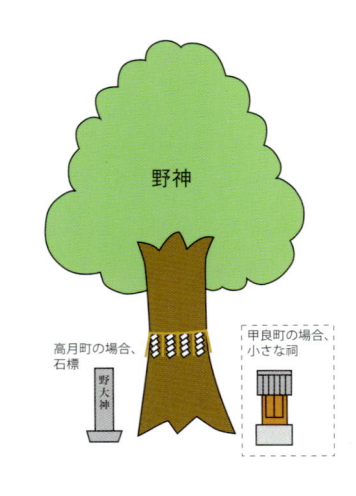

沖縄

［沖縄本島］15ヶ所（調査地一覧 1〜15 参照）

〈植種〉

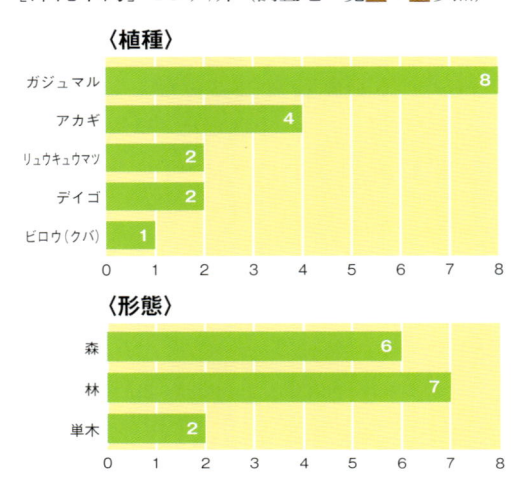

植種	数
ガジュマル	8
アカギ	4
リュウキュウマツ	2
デイゴ	2
ビロウ（クバ）	1

〈形態〉

形態	数
森	6
林	7
単木	2

ウタキ

小さな祠、もしくは石の祭壇

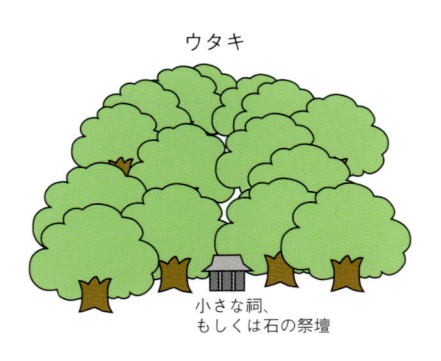

［八重山諸島（石垣島・竹富島）］15ヶ所（調査地一覧16〜30参照）

〈植種〉
- フクギ 11
- テリハボク 8
- ガジュマル 4
- デイゴ 3
- アコウ 3
- ビロウ（クバ） 1
- リュウキュウマツ 1

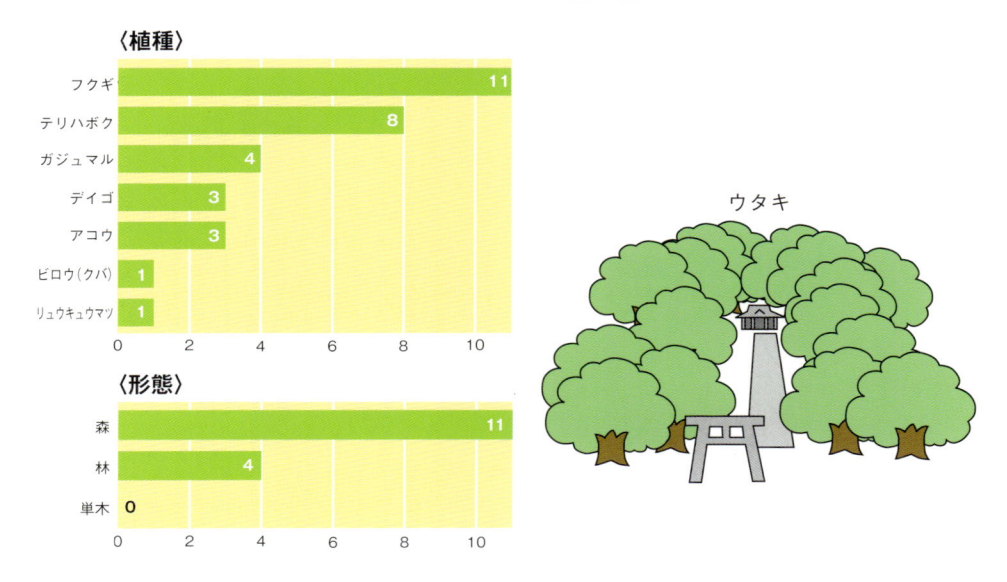

〈形態〉
- 森 11
- 林 4
- 単木 0

ウタキ

韓国 35ヶ所（調査地一覧1〜35参照）

〈植種〉
- ケヤキ 19
- イチョウ 6
- マツ 3
- エンジュ 2
- エノキ 2
- イブキ 2
- アカシデ 1
- チョウセントネリコ 1

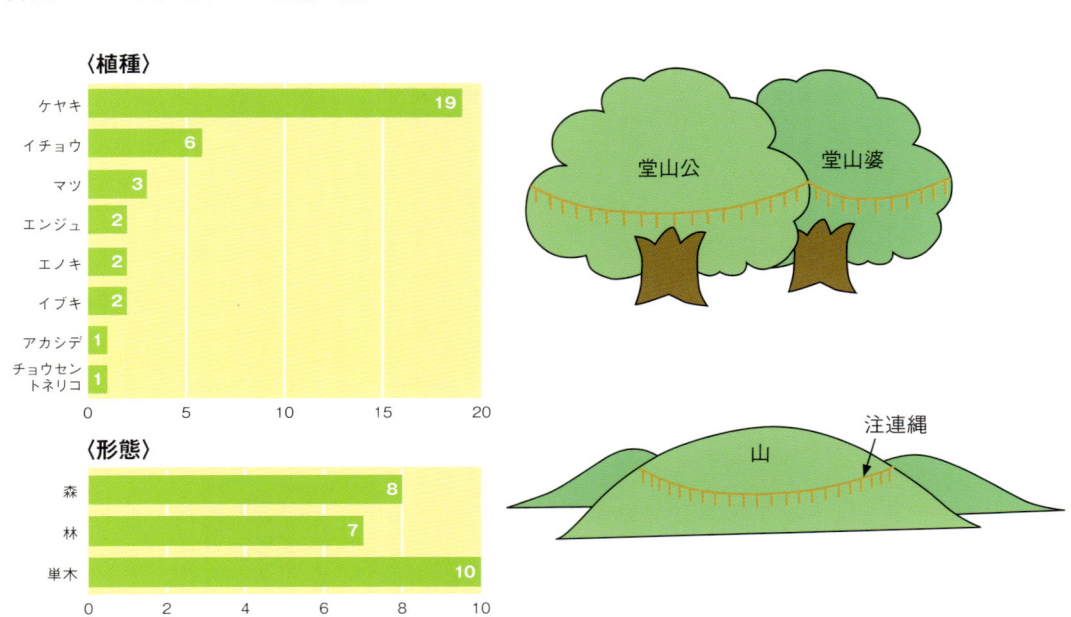

〈形態〉
- 森 8
- 林 7
- 単木 10

堂山公　堂山婆

山　注連縄

台湾 36ヶ所（調査地一覧 1 ～ 35 参照）

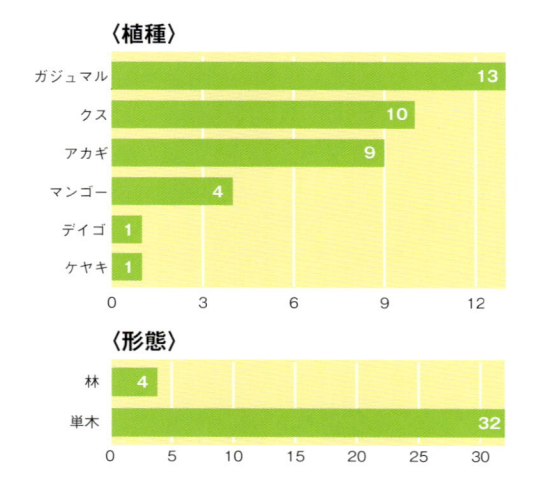

〈植種〉
- ガジュマル 13
- クス 10
- アカギ 9
- マンゴー 4
- デイゴ 1
- ケヤキ 1

〈形態〉
- 林 4
- 単木 32

大樹公

土地公

2 三つの地域の比較：地域誌と条例

　神の木・森は表1でわかるように、それぞれ地域の「地域誌」と深い関わりを持ちながら崇められてきた。それぞれの土地の生業や歴史は異なるものの自然環境を開拓して集落を開く際、土地の神々を祀る普遍性があるといえよう。

　風水や生態環境と関わりながら、時には地名の由来となり地域の象徴となる。

表1　三つの地域の地域誌と関わる神の木・森

地域誌の内容	沖縄（日本）	韓　国	台　湾
村の発生・開拓と関わる	16美崎、17天川、20長崎、21名蔵、24赤イロ目宮鳥、22小浜御嶽、27久間原、28花城、29波利若	6廉谷洞、20望星1里、21・22望星2里、31朴達3里、32朴達3里	4松竹路、6大坑円環、16開山伯公、17寶山第二ダム、19石版伯公、
地名と関わる	3東ヌカー、5前ヌウタキ	15文井洞、16徳泉1里、17徳泉2里、18徳泉3里	12樹王里、23七股樟樹、28茄苳廟（茄苳脚）
地震・津波	16美崎、17天川、21名蔵、22小浜御嶽	なし	6大坑円環、28同声里茄苳廟
生態環境（風水、火など）	火（1ビジュルグワー、2北の宮）、水（3東ヌカー、10仲村渠、11垣花桶川、29波利若）	15文井洞、16徳泉1里、24伊助里、28朴達1里、30朴達2里	17寶山第二ダム、19三叉埤石版伯公、27崎仔頭
儒教文化、焼物文化	焼物文化（1ビジュルグワー、2北の宮）	儒教文化（2城隍祠、3陽川郷校）	なし
危機的状況（戦争水害など）	16美崎、17天川、18宮鳥	4元暁洞、13典農4洞	戦争との関わり（5軍功里、9茄苳廟、10興農宮）、水害との関わり（24龍徳廟、30茄苳廟）
不思議なできこと（神木に加害など）	1ビジュルグワー、3東ヌカー	13典農4洞、15文井洞、23蘆谷2里	10興農宮、13五福臨門、15月眉村、23七股樟樹、29大衆爺、33光豊公路
子安信仰と関わる	8親川	10大峠、15文井洞、16古洞樹森、17徳泉2里、18徳泉3里、20望星1里、22望星2里	1茄苳廟、9台中港路榕樹、18横山小学校前、21橬仔白公廟、23七股樟樹、24龍徳廟榕樹公、25上林里石榕公、26敦和里榕樹公、28同声里茄苳廟、29大衆爺祠
航海安全祈願	16美崎、17天川、18宮鳥、20長崎、21名蔵、28花城	なし	なし

そして、戦争や水害といった危機的状況においては神の木や森のお陰で助かったという伝承がある。

その一方で、人間が勝手に加害行為（枝を切ったり、伐採するなど）を行うと不思議な出来事、いわゆる「祟り」があったとする伝承が生まれていることは、神の木・森と人間社会は「禍福」の両面でつながっているという点で共通する。

また、地域の地理的環境などで異なるが、八重山における航海安全祈願と関わるウタキは島の環境ならではの特徴といえよう。そして、地震や津波と関わる事例が台湾と八重山にあるが、地震がほとんどない韓国にはみられない。儒教文化や城隍信仰と樹木との結びつきが韓国の特徴で、他地域では見られない。神の木、杜が子供を見守るという伝承がある点は、台湾と韓国で共通する。

このように、神聖なる樹木信仰はさまざまな地域誌を背景に継承されてきた。

次に、樹木保全に関わる条例を中心に比較しよう。まず、日本の滋賀県は、保全維持について指定費用の項目はないが、他の制度を利用して保全を行っている。台湾の台中の条例には維持管理の規定はないが、定期的巡回などの保全を行っている。韓国のソウル市は維持管理の費用について明記され、定期的、あるいは随時点検を実施している。そして、三つの地域は共通して、伐採禁止項目がある点は重要である。特に、韓国では、都市計画事業に対する伐採などの許可に際して、保護樹の生育に対する影響を検討して毀損（きそん）がないように保護しなければならないという、一歩進んだ項目があるのは注目すべき点である。

また、滋賀県とソウルでは樹木保全のために土地買収にまで言及しているのは興味深い。滋賀県では「自然環境を保全に必要があると認めるときは……土地、立木等を買い取るよう努める」とあり、ソウルも「予算範囲内で建物・土地を買収することができる」という項目は、公地化することで伐採を防止できる重要な項目である。このように、地域により、樹木保全に対する条例など法的環境の違いがみられる。

日本、韓国、台湾保存樹・自然保全の条例比較表

	日本：滋賀県	韓国：ソウル	台湾：台中市
条例No.	「滋賀県自然環境保全条例」（昭和48年10月9日条例第42号）	「ソウル特別市条例第4852号」（2009.9.29，制定、施行2010.3.10）	「臺中市公園緑地国道及行道樹管理自治條例」中華民國91年2月7日臺中市政府91府行法字第09100203491號令公布
基準	第19条 （2）歴史的、文化的遺産と一体となって良好な自然環境を形成している区域 第21条 知事は、植物、地質鉱物等で、住民に親しまれているものまたは由緒あるものを自然記念物に指定することができる。	1.「保護樹」とは老木 巨木、珍貴樹として特別に保護及び保存する価値がある樹木で「山林保護法」第13条によってソウル特別市長が指定して保護管理する樹木である。	第10条 1．樹齢70年以上または樹幹胸高さ直径1.5m以上或樹幹胸周囲4.7m以上 2．樹冠覆蓋の面積、400㎡以上 3．その他、地域を代表する樹木
保全維持・費用	県の定期の予算はない。しかし、保存樹が弱った場合、治療などの補助金制度を利用する（滋賀県緑化推進会の『淡海の巨木・名木次世代継承事業』{「緑の募金による森林整備等の推進に関する法律」（平成7年法律第88号）}）	第6条 ①市長は保護樹を維持管理するために管理庁に対して保護樹の維持管理に必要な費用の全部または一部の支援ができる。 第10条、保護樹の樹勢維持、被害予防などの定期・随時点検を実施する。	条例には無し。 しかし、定期的巡回などを行い、薬剤散布など保全を行う。
伐採禁止	第22条 何人も、みだりに自然記念物を汚損し、損壊し、滅失し、または移転させてはならない。	第8条（保護樹の保護） ①保護樹の生育に支障を与えられる伐採、掘削、採取、盛土などその他、土地の形質変更の行為はできない。 ③都市計画事業に対する 許可などをする前に、次の各号とともに保護樹に隣接して発生の可能性がある場合、保護樹生育の影響を検討して保護樹が毀損がないように保護しなければならない。	第7条 道路を拡張する際、元にあった樹木は元の場所での保留が原則である。 第10条 以下の基準の珍貴老樹を本府の許可なしに移植、伐採することは許されない。 1．樹齢70年以上または樹幹胸高さ直径1.5m以上或いは樹幹胸周囲4.7m以上 2．樹冠覆蓋の面積、400㎡以上 3．その他、地域を代表する樹木
罰則	第17条 知事は、県自然環境保全地域における自然環境の保全のために必要があるときは…違反した者に対して、その行為の中止を命じ、原状回復を命じ、もしくは原状回復が著しく困難である場合に、これに代わるべき必要な措置をとるべき旨を命ずることができる。 第34条 第17条の規定による命令に違反した者は、1年以下の懲役または50万円以下の罰金に処する。	第9条（原状回復命令など） 管理庁は保護樹などが被害を被った場合、損壊者に原状回復を命じることができる。 原状回復が困難または不可能な場合、代替できうる必要な措置を求めるように命じられる。	第12条 1．珍稀樹木を棄損するとその価値に応じて処理すべきである。 2．主枝及び根群の厳重な破損者の賠償額は樹木の単価2倍計算する。 3．主幹或及び根群の2分の一以上厳重な破損者の賠償額は樹木の単価3倍に計算する。 4．主幹を折り、環状剥皮、穴や控除賠償額は樹木基本的単価によって6倍は計算する。
土地買収可否	第31条 県は、自然環境を保全するため特に必要があると認めるときは、県自然環境保全地域または緑地環境保全地域内の土地、立木等を買い取るよう努めるものとする。	土地買収： ④保護樹の生育空間の確保のために予算範囲内で建物・土地を買収することができる。	無い

3　結び

　神の木・杜の文化は、人間社会を取り巻く自然環境を畏敬・謙虚の視点で理解し、自然環境とカミ、人間社会が一つのつながりの中で営まれてきたことを空間的に表す風景である。日本の滋賀県にはケヤキやスギ、ムクなどの老木・巨木を中心とする「野神信仰」があり、生業や水と深い関わりを持ちながら多様な営みがある。近年、町づくりに水が再利用されていることから野神信仰が再構築されていることを取り上げた。沖縄では「ウタキ信仰」があり、八重山のウタキは島の成り立ちと深い関わりを持っており、伝統的祭礼を行う重要な空間であることを考察した。

　韓国は朝鮮王朝における鎮守の杜と地域社会の杜をつなげて「鎮山」と「風水」を中心に取り上げた。特に「風水」と関わった樹木の保全や「禆補」の概念は集落の「水口防ぎ」に結びつき、堂山信仰と関わったことを取り上げた。近年、ソウル市の積極的支援のもとに老樹の再生、保全が行われている事例も取り上げた。

　台湾には大樹公信仰があり、『説文解字』で土地の神を祀る「社」は「その土地に適した木を植える」と記述されたように、今日でも、台湾の土地に適した樹木が崇められていることが確認できた。大樹公は樹木の名をちなんで「茄苳廟」や「樟樹公」「榕樹公」などと呼ばれる。大樹公は地域の開拓誌と関わりながら、子供の成長を見守る「義子・義女信仰」と結びついた。大樹公の空間は「公的善義」を行う人々によって日常的に管理されており、コミュニティの結束を深める場でもあることを取り上げた。

　先にみたように各地の地域誌とともに歩みながら共通性・多様性に満ちた杜の文化であるが、近年、近代化・都市化の中で危機的状況にある。かつて、神の木は枝一つであってもさわるのを恐れたものと言われるが、近年は利便性のために伐採されようとする事例もしばしばある。人間社会が自然を無機物のようにコントロールするのではなく、カミと自然、そして人間社会が有機的つながりをもってともに生きることも可能であることを忘れてはならない[2]。

　本書の考察を通して、老木となった神の木を持続的に保全していく際の、さまざまな課題が浮かび上がった。従来の信仰体系に委ねて、地域社会での維持管理

---

[2] 道路拡張工事で貴重な老木や神の木々が伐採された例は各地にある。2009年、福井県の貴船神社のご神木・タブの木（次ページ写真参照）もその一つで、伐採の危機にあったが、筆者らの調査のおり偶然遭遇し、伐採中止を申し出た。京都市の場合は、保存樹に「保険制度」を適用させて老木の保全に努めており、何らかの対策が必要である。

←福井県・貴船神社の
タブノキ（写真提供：
尹石氏）

に任せるだけでは不十分さが目立つ時代になったのである。行政における支援と地域社会も含めた社会全体の取り込みと実践が、杜の持続的な保全を大きく左右する。行政や地域社会、そして社会全体の再認識をうながし積極的な措置に取り組むべきだろう。

　林学を専門とし、日本各地の大規模公園の設計にたずさわった東京帝国大学教授、本多静六の著書『大日本老樹』（1909年）に掲載されている蘇峯生の「老樹」という文章には、次のように記されている。

　　老樹を愛惜するのは老大人を愛惜するが如し……樹木は単に樹木の為にあらず、その
　　因縁ある人の為に愛惜すべし……

　文化的自然を保つことは、自然の生態そのものだけ守るという意味ではない。文化的自然―杜とともに生きてきた人々や地域社会を重んじることといえよう。杜とともに育んだ文化、人間社会のさまざまな関わりを継承することでもある。自然は「壊す」のは簡単だが、長く「生かす」のは非常に難しい。それでも、先人たちの生活感覚の象徴である神の木は、ぜひとも次世代に引き継ぐべきだろう。そして、自然と人間社会の共存はより豊かな人間社会の形成につながることを再認識すべき時に来ていると強く思う。

巻末資料

滋賀県自然環境保全条例（抜粋）

［昭和48年10月9日滋賀県条例第42号改正　平成17年3月30日条例第32号］

第17条　知事は、県自然環境保全地域における自然環境の保全のために必要があると認めるときは、第14条第4項もしくは第15条第3項の規定に違反し、もしくは第14条第5項（第15条第4項において準用する場合を含む。）の規定により許可に付せられた条件に違反した者、前条第1項の規定による届出をせず、同項各号に掲げる行為をした者、同条第2項の規定による処分に違反した者または同条第4項の規定に違反した者に対して、その行為の中止を命じ、または相当の期限を定めて、原状回復を命じ、もしくは原状回復が著しく困難である場合に、これに代わるべき必要な措置をとるべき旨を命ずることができる。

第19条　知事は、県自然環境保全地域以外の区域で、次の各号のいずれかに該当するもののうち、自然的社会的諸条件からみてその区域における自然環境を保全することが特に必要なものを緑地環境保全地域に指定することができる。
⑴　市街地もしくは集落地またはこれらの周辺地の樹林、湖沼等が所存する区域
⑵　歴史的、文化的遺産と一体となつて良好な自然環境を形成している区域
　2　自然環境保全法第14条第1項に規定する原生自然環境保全地域および同法第22条第1項に規定する自然環境保全地域ならびに自然公園法第2条第1号に規定する自然公園の区域は、緑地環境保全地域の区域に含まれないものとする。

（自然記念物の指定）
第21条　知事は、植物、地質鉱物等で、住民に親しまれているものまたは由緒あるものを自然記念物に指定することができる。

（自然記念物に係る行為の禁止）
第22条　何人も、みだりに自然記念物を汚損し、損壊し、滅失し、または移転させてはならない。

第29条　知事は、県自然環境保全地域、緑地環境保全地域または自然記念物を指定したときは、当該地域の見やすい場所または当該自然記念物の所在する土地にその旨を表示する標識を設置しなければならない。

(土地、立木等の買取り)
第31条　県は、自然環境を保全するため特に必要があると認めるときは、県自然環境保全地域または緑地環境保全地域内の土地、立木等を買い取るよう努めるものとする。

(損失補償)
第32条　県は、第14条第4項もしくは第15条第3項第6号の許可を得ることができないため、第14条第5項（第15条第4項において準用する場合を含む。）の規定により許可に条件を付せられたため、または第16条第2項もしくは第20条第2項の規定による処分を受けたため損失を受けた者に対して、通常生ずべき損失を補償する。

第34条　第17条の規定による命令に違反した者は、1年以下の懲役または50万円以下の罰金に処する。

長浜市の保存樹　　　　　　　　　　　　　　　　　　　　（長浜市ホームページより）

　保存樹とは、「長浜市住みよい緑のまちづくりの会」が指定する『世の中の移り変わりをじっと見つめ、豊な緑で私たちに潤いと安らぎを与えてくれる、樹齢を重ねているなどの由緒ある樹木』を指します。　たとえば…公共広場、神社仏閣、入会地、墓地、私有地内の誰でも自由に観賞できる場所等にあり、以下の項目のいずれかに該当する樹木
　1．風格のある木
　2．枝振りが見事な木
　3．おもしろい言い伝えがある木
　4．行き交う人々の休憩場所や、旅人の道しるべになっていたような木
　5．小鳥などが群がる大きな木
　6．人々が苦労して植えた木
　7．土地の境界を表示する木
　8．この地域では珍しい木

※「長浜市住みよい緑のまちづくりの会」が指定する保存樹は、「都市の美観風致を維持するための樹木の保存に関する法律」に定められた"保存樹"とは関係ありません。

ソウル特別市保護樹指定及び管理に関する条例（抜粋）

[施行 2010. 3.10] [ソウル特別市条例第4852号, 2009. 9.29, 制定]

第1条（目的）この条例は保護樹の保護と歴史的 文化的価値を共有するために保護樹の指定及び維持管理に必要な事項を規定することを目的にする。

第2条（定義）この条例で使う用語の正義は次のようである。
 1．「保護樹」とは老木、珍稀な樹木として特別に保存する価値がある樹木で、「山林保護法」（以下"法"という）第13条によってソウル特別市長が指定して保護管理する樹木である。
 2．管理庁は市長が指定した保護樹を管理する自治区長である。

第6条　（保護樹維持、管理費用の支援）
 ①市長は保護樹を維持管理するために管理庁に対して保護樹の維持管理に必要な費用の全部または一部を支援することができる。

第8条（保護樹の保護）
 ① 保護樹が生育している地域では、法第9条第1項及び第13条第2項によって保護樹の生育に支障を与える伐採、掘削、採取、盛土などその他、土地の形質変更の行為をすることはできない。
 ②第1項にも関わらず不可避に行為を行おうとする人は樹木保護技術者の診断を含めた保護、管理計画などを管理庁に提出して事前に協議しなければならない。管理庁では市長と協議を経て、保護樹の生育に支障がない場合に限って行為を承認することができる。
 ③ 管理庁は各種開発行為または都市計画事業に対して許可などをする前に該当の行為が次の各号とともに保護樹に隣接して発生する可能性がある場合、保護樹の生育に影響が及ぶかを検討して保護樹が毀損されないように保護しなければならない。
　1．　道路、上下水道施設、電気通信施設、建築などの事業行為
　2．　土壌汚染を誘発する施設を設置する行為
　3．　噴水、小川などの水硬施設を設置する行為
　4．　その他に管理庁で保護樹に影響を及ぼすものと認められる行為
 ④ 市長または管理庁は保護樹の生育空間の確保のために必要な場合、予算の範囲内で建物または土地を買収することができる。この場合、買収価格は「公益事業のための土地などの取得及び補償に関する法律」によって算定された価格にする。

第9条（原状回復命令など）管理庁は保護樹または保護施設物などが被害を被った場合、損壊者に原状回復を命ずることができる。ただ、原状回復が困難または不可能な場合、代替でき

うる必要な措置を求めるように命じることができる。

第10条（保護樹の点検）
①管理庁は保護樹の樹勢維持、被害予防などのために定期または随時点検を実施しなければならない。
②第２項による点検後詳細な調査が必要な場合、樹木保護技術者に診断を依頼して、その診断結果を保護樹の保護 管理に反映しなければならない。

台中市公園緑地園道及行道樹管理自治条例（抜粋）

［中華民国91年２月７日台中市政府91府行法字第09100203491号令公布全文五十五条］
第２章　植栽保育
第７条　公園の開闢、あるいは道路の拡張にあたり、その場所にある樹木はその場所にとどめることを原則とする。

第10条　国有林は除き、本市の管轄区域内にある樹木につき下記の一つ符合するものについては、本府公告を経て、珍稀樹木とし、本府の許可なく移植、伐採してはならない。
１．樹齢70年以上、或は樹幹直径1.5m以上、或は樹幹周囲4.7m以上。
２．樹冠面積400㎡以上。
３．その他、特殊な区域性、代表性をそなえる樹木。

第12条　第８条及び前条の規定に違反し、樹木を毀損した者は、以下の賠償責任を負う。
１．珍稀な樹木を棄損した場合は、その価値に応じて処理すべきである。
２．主枝と根群の厳重な破損者の賠償額は、樹木の単価の２倍に計算する。
３．主幹と根群の２分の１以上の厳重な破損者の賠償額は、樹木の単価の３倍に計算する。
４．主幹を折り、環状の皮を剥いだり、穴を開けたりした者の賠償額は、樹木の基本的単価の６倍に計算する。

あとがき

　本書は、2003年京都大学大学院・人間環境学研究科の博士論文として提出した『東アジアにおける杜の信仰と持続—台湾、日本、韓国の比較』に、その後、継続的な調査で得た知見を加えて、加筆・修正を行ったものである。

　十数年前、筆者が日本に初めて来た際、「鎮守の杜」の存在を知ることができたのは、当時京都大学大学院にいらした薗田稔先生のお陰である。韓国でも、日本でも身近にある杜が研究の対象になることに新鮮な感動を覚えた。樹木にカミに見出し、自然と苦楽をともにして生きるという心性を、実際にアジアの各地で発見した時は、とてもうれしかった。一方で、国や地域による信仰形態の違い、独自性にも興味深いものがあり、予想外に調査が長引く結果となった。この文章を記しながら振り返ってみても、この10年余りはとても短い時間だったように感じる。さまざまな地域で大勢の方々と出会うことができた、かけがえのない経験と学びの時間であったと思う。

　とはいえ、調査地を再訪したところ、以前あった木々が倒れてしまい、さまざまな原因は考えられようが、無惨な姿を目前にして残念に思うこともたびたびであった。適切な保護措置がとられていれば、救えたかもしれない、もう少し長く人々の傍らに存在することができたかもしれない。そう思うと、じっとしていることができず、行政や地域の人々に老樹や神の木の保全の重要性を呼び掛けたこともあった。

　それぞれの地域の先人たちによって何百年ものあいだ受け継がれてきた大切な信仰の場やそこで生長した木々は、誰か一人の手で守ることができるものではない。地域の人々の理解や行政の支援、そして社会全体がその貴重さを認識することが必要だろう。

　昨今はモノ、ヒトの往来が頻繁に行われて、活気溢れる「アジアの時代」とも言われる。本書によって、これまであまり語られることのなかった、神の木に対する信仰という文化が広く共有されていることが広く認識され、相互の文化を理解し、共感しあう一助となればと願う。

調査の際は、現地の人々にたいへんお世話になった。特に印象深いのは、台湾で病気にかかり寝込んだ私を心配し、付ききりで看病してくださった李豪軒さんのご両親である。まさに命の恩人といってもよい方々で、一生忘れられない思い出となった。ここですべてあげるわけにはいかないが、それぞれの調査地域での思い出とお世話になった方々のお顔を思い浮かべることができる。

　調査にあたり、これまでトヨタ公益財団、松下国際財団、文部科学省科学研究費などの支援をいただいたことに心より感謝したい。八重山諸島調査のきっかけとなるご指導を受けた波照間永吉先生、また、私の研究や杜・樹木保全の思いをいつも応援してくださる秋道智彌先生、木岡伸夫先生、茂木栄先生、釜山の地で見守ってくれている母と家族にも深くお礼と感謝の言葉を述べたい。筆者のぎこちない日本語の文章を校正段階でお読みくださった嵯峨井建先生、毛利英介先生、新井一寛先生、岡本栄先生にも心よりお礼申し上げる。何より、筆者の希望を入れて全ページカラーの本に仕上げてくださったサンライズ出版の岸田幸治さんに深く感謝したい。

　2011年10月　秋の吉日

　　　　　　　　　　　　　　　　　　　　　　　　　　　　　李　春　子

〈著者紹介〉
李春子（イ・チュンジャ）

韓国・釜山生まれ。釜山女子大学修了、台湾大学卒業。京都大学大学院人間・環境学研究科博士課程修了。博士論文は「東アジアにおける杜の信仰と持続」。現在、関西大学・神戸女子大学講師。

台湾南投県草屯鎮「七股樟樹」の前にて

神の木
―日・韓・台の巨木・老樹信仰―

2011年11月30日　初版第1刷発行

〈著者〉
李春子
■
〈発行者〉
岩根順子
■
〈発行〉
サンライズ出版
滋賀県彦根市鳥居本町655-1　〒522-0004
電話 0749-22-0627　FAX 0749-23-7720
■
〈印刷・製本〉
P-NET 信州

©Lee Choon Ja 2011
ISBN978-4-88325-458-3　Printed in Japan
本書の全部または一部を無断で複写・複製することを禁じます。
乱丁本・落丁本は小社にてお取り替えいたします。
定価は表紙に表示しております。